Thierry Gustave Jamin

Malgré les fins qui n'en sont pas
ou
Symphonie de mots inachevée

Recueil de nouvelles impromptues ou pas
terminées plus quelques poésies
passagères… clandestines
et des libres-pensées
sur l'actualité du Monde

Été 2017

Quelques mots sur l'auteur

Thierry Gustave Jamin est né à Issy les Moulineaux le vendredi 13 septembre 1957 à minuit cinquante. Son grand-père paternel Gustave était, dans les années vingt, relecteur correcteur chez des éditeurs à Paris et il ne faut sans doute pas chercher plus loin son goût affirmé très tôt pour les livres et l'histoire dont il est un passionné inconditionnel.

Il a passé sa prime enfance à Bourg la Reine, scolarisé à l'école du petit Chambord, allées de Trévise.

Ses années collèges et lycées se sont passées à Melun, au lycée Jacques Amyot, grand humaniste.

Il a fait toutes ses études supérieures à l'UPMC et est détenteur d'un Doctorat de troisième cycle en Électrochimie appliquée en milieu industriel.

Tour à tour apprenti plâtrier, surveillant d'externat, Professeur de sciences en coopération à Barcelone, puis Ingénieur de recherche au CNES, mais aussi conférencier à l'occasion ou préfacier/correcteur/relecteur il est d'un éclectisme désarmant comme le prouvent ses études de sciences politiques à 55 ans, son diplôme d'entraîneur fédéral d'athlétisme à près de 60 ans.

Actuellement chargé de veille stratégique dans le domaine spatial.

Grand lecteur d'aventures il s'adonne avec bonheur à l'écriture depuis une vingtaine d'années et à déjà rédigé trois ouvrages sans les publier (fulgurances contemporaines, impressions de parcours) et sorti un recueil de poésie en juin 2015 et un autre de nouvelles en janvier 2016 ; il a également sous le coude deux projets de romans dont un historique et un autre plus personnel.

C'est un contributeur régulier de plusieurs blogs autour de la photographie, des haïkus et de la philosophie.

Mais il ne dédaigne pas prendre la plume pour envoyer des articles à divers journaux pour commenter sur un ton de pamphlétaire impénitent les derniers éléments de l'actualité et ce qu'ils lui inspirent.

Pour fêter dignement son anniversaire et ses soixante ans prochains il a pensé que publier ses plus récents écrits patchwork correspondait bien à son caractère inclassable et fait se succéder quatre courtes nouvelles inachevées, des textes libres sur divers sujets et des poésies, pour lesquelles il garde une tendresse toute particulière par la liberté qu'elles lui donnent.

Exorde

À ma femme qui m'a inspiré souvent des sentiments ambivalents mais m'a toujours soutenu dans les épreuves de la vie et sans qui jamais je n'aurais écrit tout ce qui est passé sous ma plume depuis 1999

À mes enfants qui sont ce que j'ai de plus cher au Monde afin qu'ils continuent l'œuvre avec persévérance et bonté

À tous mes amis les vivants comme les morts, ils ont tous une grande place dans mon cœur et ma mémoire

pour que vivent Sagesse, Force et Beauté !

Préface de Pierre Léoutre,
ami de l'auteur et un de ses lecteurs les plus assidus

Un printemps dans l'hiver

Ce nouveau livre de l'écrivain Thierry Jamin annonce un printemps dans l'hiver des mots.

L'auteur nous avait déjà habitués à porter son immense sensibilité en bandoulière. Mais si l'on retrouve dans cet ouvrage la même tendresse pour le monde, passée au filtre de sa plume vive et habile, Thierry Jamin ne se limite pas cette fois-ci à jongler avec les rimes. Il prend à bras-le-corps les maux du monde et par des textes et des nouvelles, nous offre une vision lucide et humaniste de ce qui l'entoure ; car Thierry Jamin est un honnête homme sincère et pétri de bons sentiments, mais également un savant, une personne qui ne cesse de se cultiver et de s'intéresser en profondeur au monde qui bouge. Puis, avec sa verve étourdissante, il nous fait partager ce qu'il sait et ce qu'il a compris, avec une générosité intelligente qui nous éclaire.

Pierre Léoutre

Introduction

Au-delà de sa brièveté la nouvelle si chère à tant d'auteurs comme Edgar Allan Poe, dont Baudelaire fut un grand traducteur passionné, il y a une sacrée alchimie dans ces textes courts et dévorants qu'on avale à grande vitesse, dans l'attente de la chute.
Le happening n'est pas celui d'un film à la Hitchcock mais at five o clock il est temps de faire sauter le bouchon (cork) ou de boire le thé dans le souvenir de ce qui n'est qu'une parenthèse, la thèse c'est un format tellement différent,
Un développement ligneux et mystérieux, des indices qui se rapprochent et se resserrent, pourquoi les policiers ne seraient-ils pas bons à ce jeu, dans la recherche d'une vérité qui, surplombante, n'est pas celle des séries noires et autres polars à mine réjouie.
Mais voilà il est des empêchements qui empêchent les enjambements mais ne permettent pas d'aller au bout de l'essai ; "au bout de l'envoi je touche" met dans la bouche de Cyrano, Rostand pas rôti comme un poulet à Roxane, ni expéditif "ad patres" comme tout bon bretteur le pourrait,
Aussi dans ces avortements, ou avortons de texte faut-il d'abord déceler l'intention latente et patente, pas celle de la lettre de cachet pour maux de tête prononcés, mais bien l'envie de faire partager d'un seul jet qui parfois ne se prolonge pas assez loin une envie saine et vitale.
Que celle-ci vous échappe comme un acte manqué ou une

pâtisserie loupée, il ne s'agit pas seulement de s'étaler ni confondre avec la tapisserie au point de croix, mais c'est une bannière, un étendard que le gonfalonier que je suis pousse au vent des trouvailles et récits.
Puisse ce claquement vous faire sursauter voire plus,
J'en forme le vœu et je ferme le ban !

N.B./Je précise que si je signe sous mon double prénom, c'est du fait de l'existence d'un parfait homonyme (en apparence) plus connu ou qui fait davantage parler de lui dans la sphère du net et dont je veux absolument me dissocier pour ne pas risquer d'être confondu avec lui et ses productions « archéologico-ufologiques »

Présentation

Tous les projets de nouvelles ne sont pas toujours menés à leur terme mais il y a dans ces productions des chemins explorés et des pistes à suivre qui méritent quand même qu'on s'y attache.

Pour ne pas avoir su terminer correctement ou dans les temps certains textes faut-il pour autant les remiser définitivement et les soustraire à la vue de possibles lecteurs, ou bien choisir de crânement affronter la critique en les diffusant tout de même ?

J'ai fini par me dire que la seconde solution était la meilleure pour ces quatre textes qui suivent et que sont :

- « Froid polaire et panique métallique sur l'Altaï »
- « Mais de quoi s'agit-il donc là ? »
- « Une quête tranquille, en apparence du moins »
- « Prisonnier du château du diable ! »

J'y ai ajouté, pour faire bonne mesure, quelques poésies récentes de mon cru et surtout des textes commentant l'actualité et exprimant franchement des opinions assez tranchées.

Vous trouverez dans le sommaire en fin de volume les titres et pages des poésies et textes.

Froid polaire et panique métallique sur l'Altaï

8888888888

Trente minutes de retard ! Le froid était terrible.
Il releva son col et marcha d'un pas ferme en direction de cette isba dont on voyait à peine la forme se détacher dans le lointain.
Cinq cents mètres tout au plus le séparaient de ce point de rendez-vous qui lui avait été fixé quelques heures plus tôt.
Il n'avait pas vu son contact mais avait seulement entraperçu un visage féminin au regard lumineux d'humanité.
Il savait que sa tâche ne se présentait pas facilement et qu'il allait devoir rivaliser de ruse et faire preuve non seulement de sang-froid, ce qui dans les circonstances climatiques était assez naturel, mais aussi être en permanence sur ses gardes car il pouvait s'estimer sous surveillance continuelle.
Un lumignon fut bientôt plus nettement visible qui pendait au pignon de cette pauvre masure en rondins, agité par les à-coups du vent du nord qui s'était levé dans l'après-midi et soufflait maintenant avec une constance certaine.
Il avait bien cru ne jamais pouvoir arriver dans cette bourgade perdue sur les flancs du massif de l'Altaï.
Certes il y avait eu ce stupide incident, à l'hôtel ce matin, qui l'avait affecté plus qu'il ne voulait bien le dire.
Après son petit-déjeuner traditionnel, fait de pirojki, de thé brûlant soutiré au samovar et de confiture de citrouille, il s'apprêtait à sortir pour aller flâner au long du Don

quand il avait cru reconnaître un ancien collègue de la Loubjanka et il n'avait eu que le temps de se plaquer dans l'encoignure d'une porte pour éviter d'être aperçu.

C'était une question de vie ou de mort et sa mission, secrète par nature, ne lui autorisait pas les approximations ni les rencontres inopportunes. Bref il en avait été quitte pour une petite frayeur rétrospectivement.

Mais ce qui l'avait malencontreusement empêché de prendre son train pour la petite ville où il venait finalement d'arriver était nettement plus ennuyeux.

Il devait se rendre dans une échoppe de relieur pour récupérer un sceau ancien d'une grande valeur et il tomba presque nez à nez avec une patrouille de la milice locale qui effectuait des contrôles précisément à ce moment dans le quartier.

Même en courant il ne put rattraper le temps perdu et quand il arriva sur le quai de la gare ce fut pour apercevoir le panache de fumée du tortillard à charbon qui tournait le virage pour aborder la passerelle métallique sur le grand fleuve sombre.

Sombres étaient ses pensées car il savait que pour rattraper le temps perdu une course contre la montre allait commencer et qu'il n'avait plus le choix.

Il se mit en quête d'une troïka comme il y en avait encore quelques-unes dans la région et il finit par trouver ce qu'il cherchait au coin de la rue poïetokolje.

Le vieux conducteur rechigna bien quand il lui annonça la destination visée mais ses maigres ressources et la somme qui lui furent proposées eurent tôt fait de vaincre sa résistance.

Emmitouflé dans une peau d'ours jeté sur ses genoux il se laissa guider vers son problématique rendez-vous à une centaine de verstes et se perdit rapidement dans les souvenirs qui affluaient.

Il se revoyait tout rayonnant de cette joie juvénile à sa sortie de l'académie militaire de Stavropol où il avait reçu une éducation complète qui le destinait à de hautes fonctions dans l'armée rouge.

Plus tard c'était le détachement en garnison à Kaliningrad où il avait effectué ses premières missions spéciales suite à un recrutement parallèle par une annexe du NKVD.

Son irruption dans le monde du renseignement militaire lui avait semblé irréelle au début tellement les événements s'étaient enchaînés rapidement.

Dans le même temps sa progression de carrière s'était singulièrement accélérée et il avait, plus rapidement que la moyenne, atteint le grade de premier colonel.

Il ne pouvait oublier les douces années passées à Leningrad après son instruction à la forteresse Pierre et Paul à l'école supérieure d'application des missiles.

Cette double carrière technique et de commandement en parallèle à celle du renseignement stratégique n'avait bien sûr pas été aussi facile à concilier que cela.

Il avait dû puiser dans ses réserves physiques et nerveuses plus d'une fois mais cela avait été généralement assez gratifiant sur un moyen terme.

Son passage à Tomsk 5 dans une centrale d'approvisionnement des bases de missiles antimissiles avait été presque anecdotique dans son parcours varié si ce n'est que ce fut l'occasion d'y rencontrer Igor Pavlovitch qui fit sur lui une impression considérable au-delà de tout ce qu'il aurait pu imaginer.

Il en était à ce point de ses souvenirs lancinants durant ce trajet cahoteux rythmer par le son des grelots qui tintinnabulaient sur le harnachement des chevaux.

Les deux hongres placidement tiraient le traîneau sur ce chemin de terre parfois légèrement visible dans les parties les plus ensoleillées, en cette fin d'après-midi.

Son regard perdu dans le lointain se détacha de ses fixes pensés pour accrocher dans le ciel la silhouette avantageuse d'un de ces aigles de la taïga au plumage gris-blanc cendré.

Il décrivait de grands cercles au-dessus d'un espace boisé qu'ils étaient en train de longer et s'abattit soudain à proximité.

Alexis Orlov demanda au conducteur de tourner dans cette direction et rapidement l'attelage déboucha dans une clairière.

Derrière un gros tas de bois fraîchement coupé, abandonné par des bûcherons, ils trouvèrent la dépouille mortelle d'un cerf.

Mais le plus curieux ce fut que celui-ci avait été mortellement blessé à l'arrière-train par un carreau d'arbalète ce qui dans ces contrées dignes de Dersou Ouzala était fortement inhabituel.

L'animal avait eu la force de se traîner sur quelques centaines de mètres avant de s'abattre à l'endroit où il gisait.
C'est en tout cas ce que lui révélèrent des empreintes et des touffes de poils accrochées à quelques troncs de bouleau argenté.
Alexis constata que le trait possédait des signes encochés qui lui rappelèrent les runes vikings.
C'était si insolite que ses sens en alerte fonctionnèrent à plein pour tenter de décrypter la situation.
Certes, les marchands scandinaves avaient bien développé le commerce en Europe centrale nommant Rus les gens du cru et après la fondation du grand-duché de Kiev une civilisation slave s'était développée sur de longs siècles.
Mais si à l'est et après tous ces siècles il était surprenant d'en trouver des résurgences si apparentes.
Ils remontèrent dans la troïka et reprirent le chemin vers le lieu prévu pour ce rendez-vous crucial.
Le court après-midi d'hiver tirait sur sa fin et déjà le chemin se faisait plus incertain malgré des repères visuels familiers du conducteur.
Finalement ils arrivèrent en vue de cette ville qui appartenait à un vaste combinat sidérurgique exploitant une mine d'Ilménite dans cette partie reculée de l'Oural.
Ce minerai de Titane était d'une importance fondamentale dans les rentrées de devise provenant de l'exportation du métal qui en était tiré et dont les applications étaient fort variées puisqu'elles allaient de l'aéronautique au sous-marin et que ce métal gris brillant si

naturellement léger avait des propriétés thermomécaniques exceptionnelles et une tenue à la corrosion hors du commun.

On voyait bien rougeoyer les lueurs fulminantes des hauts fourneaux et les éclats sporadiques des coulées vers les trains de laminoirs qui permettaient l'obtention de rondins et de barres, comme de tôles.

La course touchait à sa fin, ils prirent une petite rue qui montait au-dessus du village et c'est là qu'Alexis demanda soudainement de s'arrêter. Sans discuter il régla la course et demanda au chauffeur de repartir immédiatement.

Il se fondit dans l'ombre de grands mélèzes et progressa rapidement mais sans bruit du fait de ses bottes de feutre typique.

Son haleine fumait par moments tellement la température s'était abaissée depuis la disparition du soleil derrière l'horizon.

Il vérifia encore une fois, par acquit de conscience, la présence du document secret qu'il emportait dans la doublure de son grand manteau fourré.

Il prit son courage à deux mains et franchit les quelques dizaines de mètres qui le séparaient de la porte latérale de l'isba et gratta subtilement l'huis avec un de ces ongles.

La porte s'entrouvrit d'abord faiblement puis en bien plus grand et une silhouette familière se découpa dans l'encoignure.

C'était la femme dont il avait reçu il y avait trois jours des instructions pour la suite de sa mission, il en était certain.

Elle le fit entrer et asseoir devant un mince feu crépitant. Ils s'observèrent un long moment en silence, se dévisageant mutuellement avec insistance. Elle fut la première à parler :
« Vous êtes arrivé sans encombre, mais avez-vous fait bonne route ? Nous vous attendions nettement plus tôt car nous n'avons pas de temps à perdre, la réussite de la mission en dépend »

Il secoua sa lourde pelisse de loup et faisant glisser une couture invisible il extrait promptement de son manteau une liasse de feuillet dont le sceau de la police militaire ne laissait aucun doute sur la plus haute confidentialité.
« Voilà vos zabrouskis, milena ! Tout y est et je veux m'assurer personnellement que les opérations respecteront à la lettre le protocole »
« Nous avons bien cru que vous aviez été rattrapé par les zipos ? »
« Non ils m'ont effectivement pris en chasse mais j'ai réussi à leur fausser compagnie. Il n'est pas impossible qu'ils aient lancé à mes trousses un chasseur de prime indigène aux manières de chasseur ancien ; Vivant sur le terrain et avançant sans bruit il n'est sûrement pas loin et nous devons vite partir maintenant. »

Alors un vacarme assourdissant se fit entendre et le plafond de cette pauvre masure délabrée s'effondra sous le poids d'un homme dont la vêture trahissait bien l'habitat forestier et détail troublant portait une arbalète en bandoulière.

À demi assommé par cette chute le malheureux geignait doucement, s'étant visiblement démis l'épaule.

Un coup sec en appui lui fit revenir un peu de rouge aux joues.

« *Qui es-tu donc espèce d'animal des bois ?* » Lui demanda Alexis sur-le-champ en lui tendant une rasade de vodka.

Le pauvre bougre empêtré dans son barda prit une grande inspiration et se lança.

Il n'était qu'un pauvre chasseur mais c'était effectivement lui qui avait abattu l'aigle en dépit des oukases qui protégeaient cette espèce en cours de repeuplement dans le massif.

Il avait pour mission de baliser le chemin et bien qu'analphabète il adorait les bêtes.

Contexte
Nouvelle 2009-2010 Sicoval – lecteur du val

Mot d'accroche
« L'objet gisait au milieu du sentier, parfaitement insolite dans ce cadre bucolique »

Construction
Objet : technologie, savoir, complexité, artificialité, usage, conception, artificiel, fabriqué, élaboré
Gir : tombé, abandonné, délaissé, jeté, oublié, perdu, égaré
Milieu : visible, intentionnel, repérable,
Sentier : promenade, nature, verdure, buissons, cailloux
Parfaitement : clairement, nettement, évidemment,
Insolite : surprenant, anachronique, impensable, curieux, sans rapport, incohérent,
Cadre : lieu, situation, géographie
Bucolique : naturel, végétation,

Au détour d'une belle courbe là où la vue se dégage et prend en enfilade quelques arpents sur ce sentier de terre piétonnier et étroit qui se déploie - vu son étroitesse l'objet n'est pas bien grand, puisqu'il est au milieu, il faut le décrire et le qualifier, supputer les circonstances qui ont pu l'amener là, accidentel, intentionnel, et imaginer le pourquoi du comment, car à trop décrire on perd le charme et le mystère, la logique du sens pour la description introductive et puis il y a le vague et le flou sur la nature et la provenance qui innerve la réflexion et la montée avant qu'une chute savante ou elliptique, drôle ou savante ne nous amène une réponse en forme de question, d'ouverture vers un ailleurs, un autre texte, une prolongation du récit, un suspens, avec le suspens

Mais de quoi s'agit-il donc là ?

888888888

C'est peu dire l'étonnement qui me prit, quand en cette fin de journée à la lumière tombante, au détour d'une belle courbe, là où la vue se dégage et prend en enfilade quelques arpents sur ce sentier de terre étroit qui se déploie, je me trouvais confronté à l'inattendu qui par surprise offrait à la vue sa kyrielle de questions.

Fallait-il bien que je sois à la fois curieux et intrigué par cette confrontation pas loin de créer la confusion, entre tentation et enquête.

De ce que l'on ne connaît point ou mal et qui ne ressemble finalement à rien ou pas grand-chose se dégage toujours mystère et inquiétude, pas la peur du danger, juste l'intrigue accrochée comme en filigrane une idée conductrice vers un sens à trouver.

Sur un coussinet d'herbe comme un écrin sommaire, couleur et complexité, non dans un ravissement mais dans un étonnement soudain qui fait que l'on s'approche presque à toucher d'abord.

Quelques reculs en forme de reproches nous rapprochent encore un peu plus du mystère constitué.

Avatar malin et aussi propice à la méditation, c'est dans un abîme de perplexité que me plongeait de prime abord la vision de l'objet.

Une description sommaire se prêterait assez bien à l'impression bizarre qui s'en dégageait assez vite.

Le sentiment d'un déjà-vu diffus et une confusion des sens tiraient par essence, sur le nerf optique comme dans un engrenage, une construction savante, un usage à retrouver. Il faut dire qu'au milieu de ces champs fleurant bon la nature l'incongruité dudit objet, sans être un délire citadin n'avait pas vraiment droit de cité, sauf à être cité à comparaître pour en faire témoignage comme un gage d'étrangeté, jeté à la face du monde.

Sans artifice, j'aurais voulu être un artificier pour déminer ce que semblait mimer cet objet de désir, pas loin du délire. Pas mineure en soit la découverte en forme de rencontre organisait au-delà du suspens une intrigue subtile dont j'aurais bien aimé dénouer les fils un à un, si le temps m'en avait été donné.

Terni mais scintillant, par endroits, au point qu'il aurait été difficile de ne pas l'entrevoir, il semblait canaliser une énergie tellurique et les vieux sourciers auraient sûrement fait des bonds avec leur baguette de coudrier.

Graduations et écartement, molettes, vis et visée, œilleton aussi !

Un œuf… de Fabergé ou ce qui en tenait lieu, n'aurait pas plus étonné dans ce décor champêtre arbustif et floral qu'une cantatrice dans une cantine scolaire !

Mais ce n'était pas seulement la nature inhabituelle qui rendait la proximité rare mais aussi le souci de comprendre que pouvait bien en ce lieu un sextant poussiéreux dont le laiton passé était le signe d'une vie d'aventure accomplie ou à venir.

On s'éloignait bien loin de la tranquille villégiature rurale et sans tracas pour courir les flots, affronter les tempêtes et dresser les conquêtes.

Un aventurier aurait-il pu en ces terres égarées laisser choir un objet à la navigation hauturière indispensable naguère ; au temps des GPS les passéistes briquaient plutôt les souvenirs glorieux remisés dans des vitrines ?

Était-ce un symbole de l'époque où le sens se perdait, les voies à suivre paraissaient des plus obscures, comme un rappel du passé pas dépassé que seule la nature, le soleil sont de bon augure pour peu qu'on sache y lire, depuis un pont, le chemin ?

Comment avait pu donc atterrir ce qui n'ait de sens pour les émoustiller qu'au tillac ou en dernier ressort face au ressac il convenait de lever avec précision et constance des positions dans le ciel ?

Décidément il fallait que cet objet pas des plus accessoires, mais bien un témoin de nombreuses histoires, soit celui d'un passé déchu pour le laisser choir ainsi, ou bien encore que déçu et navré on ait eu une telle attitude quand il ne s'agissait que de latitude.

Oui mais des méridiens terrestres qui innervent notre globe il en fallait plus pour que cette histoire je gobe.

Le contraste était trop frappant entre ce chemin léger, balisé et fréquenté par des gens du cru qui n'étaient point perdus dans cet environnement familier et la source de

notre étonnement, négligemment posé ou tombé en travers, comme si les vicissitudes avaient pour habitude de ne point épargner les nomades en tout genre.
Bref je tournais sans cesse, l'ayant pris en main, entre Astrolabe et Boussole, le souvenir de l'expédition de Lapeyrousse comme un amer du temps auquel me rattacher.
Point de vagues ni de rochers où se drosser, aucun obstacle qui se soit dressé funeste ou inquiétant, juste un parfum d'histoire subtil et entêtant qui flottait soudainement comme le surgissement de vieux démons.
De la confrontation du temps entre anachronisme et désuétude naît la tension, mon attention attirée, ma perspicacité sollicitée, restait du secret de ce dépositoire à engrener.
J'avoue que ce chemin souvent refait n'a plus du tout dans mon esprit le côté calme et nonchalant, mais qu'au contraire c'est l'appel du large qui module et pas qu'à la marge les nouvelles marches en avant, rappelant que rien n'est grand qui n'engage pleinement l'homme dans un accomplissement hasardeux.

Une quête tranquille, en apparence du moins

8888888888

Cela faisait maintenant plus de dix jours qu'il était parti de l'abbatiale de Conques laissant derrière lui le souvenir magnifique des vitraux dépolis de Soulage, et comme un soulagement il avait suivi son chemin entamé des années auparavant depuis le Puy en Velay.

Il ne donnait pas dans la dentelle mais n'oubliait pas ses bretelles car sa charge était parfois lourde même si elle ne bruissait pas de coquilles.

C'était entre lui et lui que se jouait ce chemin de révélations dans l'action, la praxis et les rencontres.

Sur ce chemin tant de fois emprunté dans le passé par des hommes au bourdon, à la capeline et aux coquilles si caractéristiques qui indiquaient la destination finale au premier coup d'œil.

Ces jacquets qui ne jouaient pas au tric trac n'avaient pas le trac de franchir de grands espaces, souvent seuls face à eux-mêmes et à la route profuse.

Mécréant dans son enfance mais solidement ancré dans l'amour de l'histoire, il avait toujours eu un penchant et une curiosité pour ces cheminants qui allaient leur chemin, parfois en mendiant comme une émanation des prébendes et de la charité ecclésiastique, et qui sous des mines humbles pouvaient cacher bien des vicissitudes.

La spiritualité lui était venue sur le tard avec ce besoin

d'éprouver son corps et son cœur tant qu'il en était encore temps et que ses jambes pouvaient encore le porter dans des contrées pas tous si hospitalières.

Voie de pénitence sans voix, dans le silence du recueillement et de la concentration, sur les pas qui se succédaient invariablement, il pouvait méditer à loisir sur sa vie et le sens à lui donner, sans pour autant considérer cela comme un grand tournant ou un virage définitif.

Il puisait dans le silence de ce qui n'était pas une retraite forcée une extrême force pour continuer d'avancer, espérant arriver à bon port.

Rousseauiste un temps il pensait aussi alors aux rêveries d'un promeneur solitaire, mais sans jamais avoir vécu au pays des bisounours il était resté solidement ancré à la terre avec un vieux fond panthéiste.

Ni mystique incarné ni amateur de moustiques, il n'errait pas par ces chemins où, au hasard des haltes jacquaires, il pouvait rencontrer des personnes que sans cela il ne lui aurait jamais été donné de côtoyer.

Voyager était ainsi devenu une seconde nature qui l'enchantait et réenchantait sa vie, malgré les pressions sociales et l'état du monde anxiogènes au possible, rejetant au loin ces turpitudes génératrices d'angoisses.

Des angoisses certes bien différentes de celles de l'an mille, ou de l'âge de la comète de Halley, figurée sur la tapisserie de Bayeux, mais qui sans renvoyer à la fin du monde parlaient sans doute de la fin d'un monde...

Ces césures n'étaient pas comme de la pressure pour les

fameux fromages à la faisselle mais il est clair qu'il ne faisait pas la vaisselle tous les jours.

Castres n'était pas si loin et ses fameux fromages du Sidobre si caractéristiques de certaines formations géologiques locales, pas si loin des cheminées de fée.

Il allait ainsi, depuis des jours, se contentant de peu et se nourrissant de provendes car son havresac était à vrai dire bien maigrichon mais il n'en était pas pâlichon pour autant car le soleil de la saison ardait fort et sa face rubiconde en portait quelques stigmates.

La sueur coulait d'abondance pas dans un val du même nom, non mais dans son cou et son sac à dos qui contenait effets personnels, quelques nourritures terrestres mais aussi un ou deux ouvrages qui le distrayaient à la halte le soir quand il cherchait le sommeil après une longue journée de marche parfois ardue par des entiers pas des plus commodes.

Pourtant il s'était préparé spécifiquement pour parcourir ce tronçon à la respectable longueur qui prendrait bien quatre à cinq semaines.

Il avait ainsi commencé à marcher, d'abord sans charge, puis progressivement avec du lest pour éprouver sa résistance et faire un travail foncier d'endurance nécessaire pour garantir qu'il arriverait bien au bout de ses peines, à cette destination finale.

Depuis l'Aveyron où il lui avait été donné de fréquenter quelques burons et de goûter l'aligot préparé avec soin par les paysans des alpages entre Estaing et Espalion, ou encore le cabri qu'on élevait avec soin dans ces contrées, il avait admiré à loisir des cultures de vergers en espaliers et trouvé fort hospitaliers les gens du cru.

La halte à Villefranche de Rouergue lui avait franchement plu, mis à part un léger épanchement de synovie su lequel il évita soigneusement de s'épancher et de trop s'étendre mais qu'une embrocation d'argile verte relégua rapidement au rang des mauvais souvenirs.

Dans la ville franche qui tranche, il avait eu le loisir d'entendre la viole à rouet et un bel accent du cru qui lui plut.

Revenant vers Albi il avait d'abord accédé comme dans un rêve, une marche, une élévation à la cité haut perchée de Cordes sur ciel, la bien nommée.

Au-delà des ruelles étroites et des montées escarpées dans cette cité aux relents médiévaux, il avait avec joie marché dans le jardin aux herbes, où l'herboristerie n'était pas de la fumisterie et la culture des simples, bien que compliquée, permettait de renouer avec une tradition millénaire des remèdes de bonne femme et des apothicaires.

Le labyrinthe attenant l'avait questionné sur l'art de la sortie et les pourquoi du cheminement, où dans une stance initiatique il pouvait cultiver tour à tour patience et connaissance, échos et résistance.

Il avait ensuite fait relâche à la cathédrale sainte Cécile d'Albi pour admirer retables et chœurs aux bois si ouvragés et cette architectonique si caractéristique et unique constituée essentiellement de briques.

Il n'avait pas manqué d'aller écouter le Tarn bouillonner vers les anciens moulins, sur ces berges maintenant aménagées, mais n'avait pas sacrifié à la visite du musée Toulouse Lautrec pas plus attiré que cela par les petites femmes de Paris.

Ce n'était pas un pari qu'il avait fait là de suivre tout d'une trotte ce chemin hybride entre la voie toulousaine et d'autres, mais il avait un temps compté pour des raisons qui le regardaient lui et il ne pouvait trop traîner en chemin.

Puis il avait bifurqué vers Revel et le Lauragais aux paysages vallonnés où la culture du blé dur était liée à la tradition locale forte ancienne de panisserie.

Il s'arrêta à Sorrèze, au pied de la montagne noire, et pu admirer le magnifique bâtiment qui avait servi d'école militaire pendant longtemps ; il put aussi en profiter pour visiter le musée du verre qui démontrait la vigueur de cet art millénaire dans la région où le bois et le sable ne manquaient pas ainsi que les fougères.

Ces stations qui n'étaient pas de croix l'avaient transporté en des temps anciens et il avait pu s'y ressourcer tout à loisir dans des environnements somptueux qui étaient comme des points d'orgue dans son parcours.

Montant ensuite au lac de saint Ferréol où Riquet avait fait construire un barrage pour alimenter le canal de Toulouse à Sète à partir de sources, comme celle des Cammazes, il avait même pu faire trempette et profiter des ombrages généreux des grands pins avant que de visiter l'arboretum voisin.

La digue imposante donnait à voir l'ouvrage des hommes pour domestiquer la nature sans lui dicter plus de contraintes que cette rectitude nécessaire et ce côté massif d'un barrage-poids.
Coupant ensuite vers le sud du département de la haute Garonne il avait fait une halte.

Prisonnier du château du diable !

8888888888

Il est des lieux mythiques, magiques et mystérieux, mais aussi diaboliques parfois où l'on voit le diable en oblique.
Cela oblige parfois à changer de point de vue, à regarder les événements sous un angle nouveau.
Il y a justement un de ces lieux où se tient l'action, un événement des plus surprenants, du moins pour un esprit débile, fatigué, crédule ou porté à mettre du surnaturel autour de faits douteux !
Il faut bien convoquer ou invoquer le doute et aussi la suspicion, légitime ou pas, car voilà les ressorts d'une intrigue fort surprenante à vrai dire.
Plantons le décor ; dans une unité de temps et de lieux pour que prenne place l'action, pas une action fantasmée mais vécue, de près et des plus piquantes.
Prenez un homme d'âge mûr, très cartésien et qui n'est pas un affabulateur, malgré un imaginaire assez développé.
Ajoutez-y un lieu au nom prédestiné pour tendre les ressorts de l'angoisse (sans que ce soit un port) du malaise et du questionnement.
Complétez le tableau par un rendez-vous anodin, en apparence du moins, et qui va se transformer en révélateur au point de poser un cas de conscience.
Enfin vous y ajoutez la présence d'un tiers médian, médium sympathique mais à la mémoire défaillante, trop souvent,

une mémoire immédiate irrémédiablement endommagée du fait d'une de ces affections neuro-dégénératives caractéristique de bon nombre de personnes âgées.

Une période de vacances consacrée à s'occuper de cette vieille dame, oh pas tous les instants, car elle conserve une belle autonomie, même de la pensée quand elle la laisse dériver sous les chênes verts, l'œil dans le vague. Une personne remarquable mais qui perd la boule et ne sait pas trop ce qu'elle fait parfois, à la parole divergente et aux souvenirs confus et emmêlés.

Elle possède quelques antécédents depuis que le mal s'est déclaré et si son état est stable, elle a la manie, la mamie, du rangement inopiné d'objets divers (Opinel, médicaments, tec.) qu'on retrouve souvent dans des endroits logiques mais qui peuvent aussi s'égarer dans des endroits plus insolites.

Or donc imaginez un logis ancien et chargé d'histoire depuis plus de deux mille ans. Dont le nom d'usage date au moins de Louis 15, époque de grandes croyances et de diabolisation, mais dont les racines plongent bien plus profond dans l'histoire avec la guerre de cent ans.

Ainsi le château du diable est-il une maison construite sur une falaise, à l'aspect partiellement troglodyte et qui vu d'en bas a encore une allure formidable dans tous les sens du terme.

De grandes fenêtres gondolées par le temps (depuis plus de 80 ans !) et les intempéries qui battent ou le soleil qui chauffe la pierre de la roche sous-jacente. Des vieux planchers massifs, des dallages fort usés d'époque et disjoints.

Une bâtisse remaniée dans les années vingt par le père de la vieille dame et quelques esprits facétieux et coquins qui ont déjà joué quelques tours pendables dans le passé.

Adjoignez-y une tour de 12 mètres de chute et vous songerez à laisser choir la raison parfois, envoûtés par la gravité du lieu !

Revenant de courses (pas à pieds) le gendre de la propriétaire a posé les paquets des provendes fraîchement débarquées du supermarché le plus proche sur la table de la cuisine et les clés de son auto dans l'entrée.

Il avait fermé sa voiture et là commence l'insolite.

Se préparant à partir en fin d'après-midi pour cuisiner des encornets farcis chez une cousine il cherche vainement ces clés, à vrai dire un système digital à touches attaché à un ballon de rugby miniature.

Cela va le gonfler assez vite, comme le ballon, et pourtant rien n'y fera et échaudé, tous les tiroirs du bas vont y passer dans un peignage en règle !

Commence alors une quête improbable, délirante, fracassante pour remettre les mains sur les attributs de la liberté individuelle et bientôt transformé en objet du délire.

Sentiment intense de frustration et d'acte manqué, recherche aussi vaine que dérangeante, sous une bordée d'invective qu'il s'adresse à lui-même, le grand couillon !

Inlassablement le nigaud se repasse en boucle dans la tête le film des événements et ressasse son énervement d'en être là

réduit à attendre dans l'expectative la plus totale et qui le fait expectorer à toute force.
Pas de pataphysique mais une énigme insoluble !
La soirée commence bien mal mais se terminera mieux, secouru par la cousine appelée en renfort comme chauffeuse le gendre transformer en marmiton et rouge de fureur cuisinera les beaux calamars en calmars sans plus de calamité ni de cals miteux même si cela va lui donner bien du travail pour les vider et les laver !
Ce labeur permettra de fait d'évacuer la tension encore palpable au bout des tentacules quand acculés il ne décolérait point !
Une nuit agitée plus loin mais pas d'attaque de succubes et d'incubes pour autant, après un réveil bien plus tardif aussi et une histoire de quête qui continue mais dans des proportions recentrées sur la portée exacte des événements.
Eh oui il faut bien constater que maintenant il faut attendre le plan B et la solution de secours et ainsi on va mettre dans le jeu la dame de compagnie de la vieille dame qui hélas arrivera au même résultat alors qu'elle connaît fort bien les lieux pour les ranger et nettoyer fréquemment.
Point de clés nulle part il faut en convenir !
On va bien appeler l'infirmière passée ce matin-là pour essayer de déceler le moindre accès de kleptomanie mais non il faut bien accepter le verdict cruel et désespérant !
Le trousseau rugbystique a rebondi dans une autre dimension et doit s'y trouver piégé entouré de diablotins faisant rôtir des pêcheurs.

Les endroits les plus improbables ont été explorés, les supputations les plus folles envisagées, les diables des piliers d'entrée dévisagés.

Il n'y a plus rien à espérer pour le moment, la malédiction a frappé, la diction est bafouillante, la déréliction confondante et l'essai ne sera pas transformé avec le petit ballon ovale.

Le doute rebondit dans ce référentiel où le ciel ne pourrait être appelé à témoin, le malaise m'envahit et me noue, la gorge sèche et les mains moites après avoir remué ciel et terre, sans être plus terre à terre que cela.

Il faut bien constater que nous avons fait chou blanc !

Je reste pensif sur le petit banc de la tour.

Y a-t-il une morale à cette histoire ?

Sans doute !

Il ne faut pas chercher de bouc émissaire à ses propres impérities, il faut accepter les choses telles qu'elles sont, faute de pouvoir les transformer et puis comme le dit le sage chinois « ce qui est, est ».

Une autre phrase me revient « Une des tâches les plus difficiles données à l'homme est de renoncer à lui-même, au désir de se mettre en avant, à vouloir que le monde corresponde à l'idée qu'il s'en fait » de Karlfried Gral Dürkheim.

On pourrait tout aussi bien penser qu'à travers ces mots il déplore le manque de lucidité, de courage et de sens de réalité des hommes.

Alors la tolérance et la capacité à accepter et gérer les situations les plus déstabilisantes peuvent imposer une douce acceptation teintée de fatalisme à la mode orientale.

On ne peut tout changer et agir sur tout ; le savoir et le comprendre, l'intégrer peuvent conduire à un meilleur équilibre dans la gestion des émotions et à une sérénité retrouvée.

Ainsi s'achève alors la quête !

N.B. : Les clés furent retrouvées dans un endroit improbable ; ayant glissé elles s'étaient coincées et étaient peu visibles. C'en était risible !

À tous les amants cosmiques

À vous qui fréquentez le cosmos à vous rompre les os
Monteriez-vous dans des fusées pour être secoués
A vous connaissez le plaisir de filer la queue d'une comète
Ce n'est pas une quenouille et à la chasse on est parfois bredouille
À vous qui rosissez de plaisir en la compagnie scintillante des étoiles
Ne clignez plus ainsi elles en vous pas toutes à l'œil
À vous qui traquez dans l'espoir du grand jour la matière noire
Il faudra se contenter de preuves indirectes, obscure qu'elle est
À ces cortèges de planètes que vous chérissez tant
Vous devez à Kepler ce qui est connu comme la loi des aires
À ce roi soleil éclatant qui nous aveugle pourtant
Nous devons chaleur et bienfaits d'une couronne
À cette lune chère qui contraint les caractères
Nous ferions bien de ne pas essayer de tailler des croupières
À ces astéroïdes qui défilent comme autant de bolides
On aimerait obtenir échantillons et des résultats solides
Vous voulez dire l'attente du savoir et les espoirs mis
Quand Pluton déclassée se retrouve isolée, méprisée, éloignée

À la matière primordiale qui bien que sale à perte de vue s'étale
Vous voudriez recueillir du disque proto-solaire les thalles
À ces géocroiseurs dont l'allure vive ne rassure guère
Faut-il imaginer pouvoir durablement protéger la terre
Que voulez dire au juste qui soit bien audible
Quand du grand réseau vous arrosez mais comme la Bible
Avec des champs d'antennes qui pointent dans toutes les directions
Vous n'avez d'yeux que pour le rayonnement fossile
Pas facile de l'attraper, ce n'est pas de la cosmétique
Quant au big bang vous n'êtes pas près de l'entendre
Mais regardez donc toutes ces galaxies fuyantes
Qui se décalent fort rapidement vers le rouge
Au fur et à mesure qu'avec Hubble elles détalent
Certaines les céphéides nous donnent de bons repères
Pour calculer distances et éloignement à la recherche de pères
Mais les exo planètes offrent enfin une nouvelle chasse
Qui pour ardue qu'elle soit pourrait in fine nous sortir de la nasse

Alchimie, du verbe pour de la matière

Par quelle étrange chimie provoquer la transmutation des métaux sans s'occuper des radiations qui peuvent aussi bien faire disparaître que renaître et des métamorphoses de la matière, sans connaître le cortège électronique annoncer avant l'heure le mariage de la technique et du spirituel.

Il a bien fallu que cette science expérimentale source, qui fonde les origines de la chimie et qui s'intéresse aux éléments que ce soit ceux d'Empédocle repris par Platon dans le Timée, timoré cependant et même si ne manquant pas de science de l'observation.

La science du feu a lu dans les couleurs l'énergie bien avant l'heure mais pour autant il fallait distinguer la taille de ces particules presque élémentaires, qu'à défaut de couper on pouvait regarder comme la source de couleurs bien différentes.

La matière a de ces subtilités qui nous ont subtilisé longtemps de beaux secrets qu'on tarde avec retard à redécouvrir et qui nous enchantent parce que tout à une explication même le ravissement procuré par des couleurs miroitantes et chantantes.

Que c'est lourd de chercher à passer du plomb à l'or, alors que dire de toutes ces transformations où le phosphore, l'arsenic, et le mercure trouvent à s'employer, ils ont beau déployer tout un tas d'artifices, rien ne résiste au libre examen, celui qui plonge au cœur de la matière et en extrait un destin, un festin aussi.

Pourtant il en fallut des essais et des erreurs, des morts aussi pour trouver des compositions adaptées pour certains minerais, parfois même synthétiques qui permirent d'exercer sur le corps des effets également thérapeutiques. Alors quand la chaleur des cerveaux monte, que la technologie donne à l'homme la possibilité de gravir des degrés, ce sont des métaux plus élaborés qui sortent des fourneaux et force le destin, imposent des conquêtes et font couler le sang.

Bienveillance, aidance, guidance
pour retrouver une certaine aisance !

Être Près de l'autre pour l'empêcher de tomber, de propager comme dominos l'instabilité au paquet, mais pas l'isoler, non le soutenir et pas le subvertir mais l'avertir, même sans frais, avec des traits jamais acérés mais en jouant des pointes comme ballerine pour lui faire toucher du doigt les beautés de la vie, se réjouir assez de tout ce qui existe et arrive de bien et puis évidemment le cas échéant le relever quand il a chu bruyamment parce qu'il y a des grands corps qui bruissent quand leurs défenses leur font défaut et que même sans faute ils chutent lourdement et ont du mal à se relever.

Tendre une main secourable, une oreille attentive, offrir sinon des alternatives du moins sortir de la spirale de l'échec et de l'enfermement car quand l'enfer me ment il n'est pas charitable et charrie tant d'immondices et de choses propices à la déraison.

Ainsi la chaîne reconstituée se tend et l'homme debout fait face, certes il ne se surpasse pas tous les jours, mais est-ce ce qu'on attend de lui ? Non mais qu'il soit content et exprime une joie simple et puisse partager un minimum, mais c'est moins simple car les joies et surtout les peines ne se partagent pas ou avec les intimes car on touche au plus près de l'être et dans les traversées, il y a celle du miroir qui vous révèle encore plus de faiblesse, de tares et d'imperfections et se relever demande des forces, de la lucidité et aussi une volonté farouche de vivre et de se préoccuper de soi, d'abord car il n'est rien qui puisse se faire pour les autres sans soi et si on se fait défaut comment y parvenir, le collectif est à ce prix qui exige du particulier de s'associer pleinement.

Alors pour que le contrat de confiance soit restauré s'il a été durablement entamé, je ne vois guère que le changement pour aller de l'avant, on ne peut pas devancer tous les problèmes et être dans une anticipation permanente.

La prévention est une chose mais la pro-activité est usante à tout épier, cerner, diagnostiquer et puis parfois il faut savoir, sans se couler dans le moule, se laisser aller au fil de l'eau et des émotions et ne pas tout maîtriser, sans rien mépriser mais à repriser il faut s'employer pour que les mailles nous retiennent et sans se défiler mettre un terme aux piles qui nous agitent de soubresauts et puis débrancher pour un temps.

Alexandrie

Nous sommes les gardiens du Pharos
nous devons lui permettre de continuer
à appeler et protéger sans quoi !
Nous sommes les veilleurs éveillés
qui devons nettoyer les lentilles de Fresnel
ne pas freiner l'avancée du temps
chercher juste à en contrôler les conséquences
nous sommes les gardiens de nos vies
que nous devons préserver coûte que coûte
contre vents et marées
nous sommes des éclaireurs, des whistle blower
qui en projetant sur les zones d'ombre
pouvons dissiper des malaises au bord des falaises
et faire surgir des débuts de lumière pas incendiaire
pour appréhender un monde changeant, en devenir
nous devons inlassablement gravir les marches
et chercher à nous élever pas pour dominer l'horizon
mais au moins pour tenter de percer la brume des
intentions

Pluie noire

Il y avait eu la pluie noire après Hiroshima
Celle dont les retombées étaient bien visibles
Après la boule de feu qui avait embrasé le ciel
C'était l'enfer qu'avaient connu
Ceux dont les corps tordus
Disaient toutes les souffrances immédiates
Mais il y avait d'autres risques à venir
Les bébés mal formés
Et les cancers pas que cutanés
Alors oui tandis que le ciel sombre
Déversait sur cette armée d'ombres
De nouveaux ferments de malheur
Égrenant inexorablement
Le décompte d'une destinée profanée
On aurait à penser longtemps
Que les hommes comme les fleurs fanées
Tous leurs pleurs rentrés

Prendre de la hauteur

Prendre de la hauteur
ce n'est pas dominer
étendre son ardeur
et voir sa destinée
élever son niveau
de conscience
n'est pas un absolu
il faut rester vertical
pour dompter l'horizontal
il faut rester debout
ne pas se mettre à genoux
sans fierté ni pathos
avec amour on embrasse
le panoramique éthique
on comprend bien mieux
on agrège les éléments
cette vision cosmique
nous rend magnifique
nous ne sommes ni
les sauveurs ou les dominateurs
nous devons dominer notre peur
de la vastitude de monde visible
de l'incertitude cachée dans le reste
le premier coup d'œil est trompeur
le soleil brûle de son ardeur
il faut s'emplir du monde

sans jamais être une outre
infatuée et cassante
si on ne passe pas outre
alors on ira se faire foutre
il faut être amour pur
tant que la vie dure
il n'y a que cela qui vaille
avant d'avoir l'émail
qui saute du poitrail

Satan pas habité par les esprits

Cet encore jeune chien tout roux
Par ses turpitudes encours notre courroux
Du château du diable il est devenu le gardien
Et ce lieu est presque son plus précieux bien
Oreilles dressées en pointe il écoute le voisinage
Prêt à bondir et à faire semblant d'être en rage
Mais en fait il est le plus doux des compagnons
Quand il le veut et qu'oscille sa queue en panache
Dans son écrin ce fauve ne fait pas tache
Par contre il voisine avec un habitat Cro-Magnon
Quand il ne les montre pas il a les crocs mignons
Et c'est la truffe humide qu'il a l'air le plus trognon
Sens en alerte, chaîné tendue, yeux aux aguets
Il semble toujours prêt à franchir le gué
Ses promenades favorites sont les sentiers alentour
Par lesquels en pleine liberté il se lâche pour un tour
Du haut de la tour il hume et embrasse la vallée
Où parfois fou de joie il fait le mouton détaler
Aboie-t-il que c'est sans raison ni crocs montrés
Juste une envie furieuse de cavaler dans les prés
Il porte bien son terrible nom diabolique
Car même s'il n'a rien d'une vieille relique
Par sa couleur et son lieu quotidien de vie
Non seulement il peut générer l'envie
Mais aussi singer l'habitant permanent
Qui dans la lointaine histoire laisse sa trace

Chevaucheur quotidien de grands espaces
Avec sa silhouette élancée il est épatant
Sauf à rappeler par ses habituelles rosseries
Qu'on ne va pas le nourrir à la rôtisserie.

Burkini pas Burkina pour qui efface haut, c'est bien bas !

Nous allons de néologismes en néologismes dans des plages de temps rapprochées mais qui se voient reprochées des poches et des effets.

Entre pagne et paréo on courait de la campagne aux rivages mais certains ont pris des virages liberticides sous des prétextes bien tordus.

La Reine Victoria se baignait dans une robe de bain et descendait de sa voiturette à cheval pour patauger entre satin et broderies.

Les impressionnistes nous donnaient aussi à voir la mode en camaïeu ou vichy ou tout était couvert même la tête sans pour autant que le visage soit caché.

Faut-il à ce point dévisager des oripeaux qui cacheraient la peau là où parfois la surexposition pas que médiatique est médiocre et erratique, quand un cancer cutané est en jeu et qu'on prend ça pour un prurit érythémateux.

Ce ne sont point des matheux qui traquent sur les étendues sablonneuses et chassent les inconvenants qui se masquent comme un carnaval mais voilà à Nice c'est une fois l'année et pas plus que le corso fleuri a droit de cité.

Bourre qui nie, les urnes ou bien plutôt les caisses municipales qui ne savent plus quoi inventer, opposant une radicalité confondante de bêtise, comme beurre au soleil, et vont empéguer et alourdir l'ambiance avec leur balourdise coutumière pour réclamer correction ou éviction, sauf à palper, au juste le montant d'une amende, amère s'il en est quand elle rime avec injonction et confine à une pratique de lazaret, chassant les pratiquants comme des pestiférés et infligeant en plus de propos parfois déplacés une honte infecte et infâme surtout aux femmes, dont la toilette sans voilette n'a pas l'heur de leur plaire.

Et les ténors, politiques et prolifiques, de reprendre en chœur dans une surenchère chicanière, à qui mettra la barre le plus haut dans des interdits d'une autre nage et d'un autre âge aussi stupides qu'inutiles.

Mais voilà l'été à part les marronniers, l'actu n'est pas pays de cocagne ni de cocards, alors les cocardiers se sont ouvert un boulevard en oubliant le bonnet phrygien de Marianne et usent leur salive en nous foutant les glandes, galvaudant la laïcité à toutes les sauces se croyant plébiscités dans leur populisme abject, recommençant la chasse aux bicots comme si l'ambiance bien plombée déjà ne pouvait être qu'à la radicalisation des déclarations, leur demandant de décarrer de notre pré carré.

Plages publiques mon œil, plages pudiques ma cache bonnot ou voit loup !!!

Règne de l'hypocrisie et de l'intolérance, sur cette Riviera où seuls auraient droit de cité ceux ne venant pas des cités justement.

Ce prétexte fallacieux qui tombait à pic a permis de développer ces arguments grain de sable dans la belle machinerie républicaine, quitte à travestir (c'est de saison) la vérité et faire des entorses à l'intelligence, quand des propos racistes sont en plus distribués avant que les coups ne viennent, dans quelle fange une frange de la population, et pas que des Pieds Noirs sur la Côte réinstallés, tombe-t-elle comme dans un piège qui ne manquera pas de se refermer et d'être instrumentalisé par le national front qui ne craint pas d'asséner crânement dans les têtes les outrances les pires ?

L'appeau lithique permet d'attirer des proies faibles à coups de duplicité, mais dans l'émotion d'un drame tout est bon pour rebondir et stigmatiser, ce n'est pas ce qui donnera à notre société fracturée la sérénité dont elle a besoin.

La sérénade de l'été n'est pas que triviale et sa poursuite incongruité !

Canicule n'est pas clavicule

Les romains l'avaient bien compris, dès avant le grand incendie de la ville éternelle, aux sept collines, par Néron, ou la folie de Caligula ou encore l'humeur au rangement de Commode.

Pas une affaire de commodore inodore quand les vapeurs recouvraient la tribune des rostres et que les rosses biffaient les cases en vidant les cages.

Eh oui cette petite chienne (canicula) qui nous afflige et nous mord à vif dans les chairs sans parfois nous lâcher de plusieurs semaines et conduit parfois « dans la chaleur de la nuit » à des tentatives de lynchage (pas à coups de château lynch bages) pas sans à-coup mais nous laisse accroupis non pas croupir dans un cul de basse-fosse mais étendus sur le dos, exténués (mais parfois encore ardents comme pour aller au bal du même nom avec Yvain de Lescar, un sacré lascar).

Oui rôtis, cuits, on est et on reste dans la fournaise et même en période de BBQ on se dit que c'est rajouter du mal au mal mais bon !

Alors oui ce n'est pas le fruit d'une conjonction astrale qui nous noierait l'astragale avec une martingale diabolique comme une mygale qui nous courrait dessus.

Non c'est un anticyclone mal placé qui ne bouge plus et immobilise des masses d'air chaud assez bien localisées mais qui nous font baliser.

Et dans les villes c'est pire que tout, la toux, l'étoupe et l'étouffement, la poix, le plomb et la cendre, quand à cela se mêlent les particules fines qui encombrent les latrines et ravagent les tribunes, ah les rostres !

Mais il y a pire et plus insidieux, pourtant ce n'est pas la colère divine ni la marque du dédain des dieux pour certains lieux mal fréquentés ; c'est l'ozone qui met la zone et les poumons en feu, fait exploser au long des rocades les corps exposés qui finissent transis et ont besoin de collutoire et de suppositoires.

Sans souffle et sans voix, aphone, atone nous restons là palpitants de tant de violence concentrée d'un seul trait et répandue avec tant de vivacité dans la cité.

Pourtant on ne peut chasser la petite chienne qui débourre et ne nous quitte plus, à tel point que les gouttes de sueur qui perle sans arrêt sur notre front barré et sourcilleux nous font penser à quel point on est mal barré.

Une chatte sur un toit brûlant ce n'est pas un tramway nommé désir mais les félibriges ne chanteront point ses humeurs de félin agacé temps ils préféreraient le parcours glacé au parterre asséché.

Variations autour de la Canopée

Canopée et pas canope, canapé bien éloigné
pourtant dans ces cimes un repos et une vue
un biotope différent tout ensoleillé
et puis il faut grimper tout là-haut
quand les arbres de la forêt amazonienne
font entre quarante et cinquante mètres parfois
pour jouer aux singes il faut des attelles
ou bien une grande queue préhensile
en guise d'ustensile
mais l'exploration par le haut et les ballons
où les hamacs, des filets comme des havresacs
une pharmacopée pas une pharmacopée
des plantes pour développer le phytosanitaire (ça fit haut
mais ça ne suffit pas)
des décoctions et des embrocations
des sarbacanes et des toucans
une escopette et des fusils boucans
des sacripants qui s'agrippent
des papillons et des colibris
des aras pas au ras
il faut bien lever la tête
mais des observatoires météo
sont maintenant des plates-formes
d'observation privilégiées

Un ciel de lit à ciel ouvert
un baldaquin sans marasquin
pas de marasme mais quelques miasmes
une étendue ensoleillée
en profondeur mais pas tapie
et d'une stupéfiante densité
depuis le radeau des cimes
le rat d'eau décime mais il y a peu
de rongeurs assez forts
pour s'attaquer à ces géants

Un ciel céleste quand les étoiles
se détachent de la toile arborescente
et entament une descente terrestre
un jaguar c'est leste mais je doute
que même dans le Mato grosso
Il puisse grosso modo d'élever à la cime
et cette couverture qui absorbe la pluie
et capte le soleil, riche en feuilles
elle laisse le fouillis végétal limité
à l'ombre et si peu dans le frais

Canopée c'est le pouvoir suspendu... mais pas à l'arbitraire
une forêt qui danse en hauteur... élégante et pas sectaire
un lieu isolé où le ne compte plus...
les espèces là et dans l'air
et puis les chamans délivrent bien...
des potions sans être atrabilaires

on peut se biler de devoir imaginer...
se voir chevaucher la forêt
et avoir pour seules rênes des lianes...
et la crainte de la chute fatale
oh il y a des petits malins...
ils ont mis des ailes au bout des mains
et font des vols planés depuis les branches...
agrippant par les griffes
et s'il n'y a pas de remontée automatique...
tout se fait à la force du poignet
et l'écorce parfois glissante corse un peu...
la vertigineuse escalade
alors si l'ivresse décime tant que ça...
il devrait y avoir plus de carcasses
mais en fait ils se complètent... et dans ce biotope ce n'est
à tout va pas la compét'
Canopée ou canapé, c'est en hamac qu'on s'étend le mieux
au ras des cimes
et ces faites sont têtues...
qui délivrent des poutres panetières
il y a tant de nids... de symbiose et de fourmis, les
fourmiliers attendent au pied
les nectars viennent plus tard...
et l'ambroisie ne se consomme pas assis

Dans le pli poplité il y a encore de la souplesse
pour assurer flexion et faire tourner la jambe
cette ouverture vers l'extérieur ne nous laisse pas de marbre
et puis cela annonce la mise en cheville plutôt qu'à genou de l'arbre
longtemps j'ai eu l'image des flamboyants devant mes yeux
ceux du Nigeria qui entouraient la maison des ancêtres
et si les persiennes étaient tirées pour éviter la jalousie
le rouge montait si vite aux yeux
qui tissait bien des observations me questionnant
Savane qui ne pouvait tout
Havane qui forçait la toux
Et plus encore s'allonge la distance à parcourir et plus le liber doit soutenir la grand-oeuvre
mais le bois est un polymère naturel aux propriétés extraordinaires et sa fibre constructrice et élévatrice est telle que patiemment comme une grue érigée il ne reste pas figé et continue de s'élancer, jusqu'où ne s'arrêterait-il donc pas si la force venait à lui manquer non pour dominer encore et surmonter sa peur de la solitude, mais simplement parce que la gravité lui permet d'épaissir encore mais plus de grimper vers l'inaccessible étoile, pourtant quand il se détache il le doit à sa bonne fortune, à des compagnons moins vivaces ou mieux encore à sa symbiose merveilleuse avec tant de champignons et ces compagnons invisibles l'accompagnent dans une ronde ineffable.

J'aurais tant voulu voir Cassiopée
et sa longue chevelure fragmentée
bien sûr ça n'a rien à voir avec Syracuse
ici il ne s'agit pas de sire qui accuse
ni même de défendre avec des miroirs
une cité déjà si convoitée

La canopée m'a dopé
j'en suis contrit mais pas déçu
ce je j'ai donné je l'avais reçu
la canopée m'a formé

Comètes ou météores

Quels sont ces astres qui traversent le ciel
Et des performances en série font leur miel
Tout n'est jamais parfait mais ils sont au parfum
Pas de pare faim sans gros appétit pas celui qui abêtit
Et puis avec le temps et la patience tout se construit
Petit à petit les premiers pas ne sont pas les plus faciles
Mais quand on désire ardemment se forger un destin
À l'auberge espagnole il faut apporter sa part du festin
Après ce n'est pas seulement une question de déciles
Mais pour les plus dociles comme les plus sauvages
Il faut toujours chercher à suivre le bon adage
On ne capitalise pas si facilement sans donner des gages
Et l'adagio comme l'adage finit par nous porter tout en haut
Tout est périssable et les fleurs du succès plus que toutes
Se fanent bien vite qu'on soit profane ou bien encore initié
Il ne faut pourtant point laisser plus que sa part au doute
Et si le réalisme a vite fait de tous, les yeux nous dessiller
Peut-on envisager l'avenir serein comme les petits oiseaux
Pour cela encore faut-il se savoir faire bien conseiller
Alors la route hardie bien que parfois chaotique
Ne prendra pas l'allure d'une fuite aortique
Certes l'hémorragie nous guette toujours
Car la lumière ne dure qu'un temps
Et les états de grâce ne doivent pas donner lieu

Au moindre endormissement
Car seul le travail est une valeur porteuse
Et les valises sont vite faites
Quand le doute s'installe
Le tapis rouge ou rien ne bouge
Est une vue de l'esprit
Par démons et pas vaux
Il faut tailler sa route

Comment disparaissent les civilisations et les espèces

Tout a une fin, tout n'est pas programmé, mais sous les coups de boutoir, du climat qui change, des mœurs qui évoluent, des progrès qui ne sont plus maîtrises... des possibles se dessinent.

Il y a des fins qui déchantent, des crépuscules sans dieu, des dégénérescences pas maculaires et des atmosphères devenues irrespirables pour cause de défauts graves dans les logiciels, des gènes qui ne s'adaptent pas assez bien et vite, une sélection qui nous guette.

Oh bien sûr le champ magnétique terrestre peut bien se déformer, décroître, s'inverser et le climat en conséquence selon certains se modifier, mais que la nature où les phénomènes naturels, expliqués ou pas, compris ou pas, l'homme n'est pas pour rien dans une certaine évolution qu'il a forgé par ses actions incessantes, pas toutes positives pour ses espèces et pour d'autre d'ailleurs.

Nous savons de longue date que des phénomènes souvent imprévisibles et qui nous dépassent peuvent induire des tensions et des conditions telles que l'homme voit refluer son aire d'influence, son nombre et sa vitalité.

Les longues séries de l'histoire longue de l'école des annales ne peuvent pas faire passer pour banales à la fois, les colères de la terre, planète active et encore en devenir, et c'est heureux car si elle était figée, il n'y aurait plus de vie ici, comme c'est le cas sur Mars, même si les preuves tardent à venir pour cette dernière.

La question de la finitude et les inquiétudes qu'elle suscite dans la population, du moins dans celles de ceux qui sont conscients que nous sommes à la merci d'un astéroïde, d'un sursaut gamma proche et de l'explosion d'une super (mamie) nova, renvoient à nos croyances et à notre pseudo-pouvoir d'exorciser la peur qui est en nous, puisque nos prédécesseurs sans s'éteindre la voie mais en sachant s'étendre géographiquement on a sûrement dû multiplier inconsciemment nos chances d'en réchapper.

Oui c'est une question ouverte pas pour incultes ni dépendant des cultes que de savoir que les espèces vivent et meurent (durée moyenne, 2 à 3 millions d'années seulement) et que les civilisations perdurent rarement au-delà de quelques centaines d'années, après les damnés, de la terre ou pas, reprennent leurs droits.

Naître, vivre et mourir c'est bien autour de ce triptyque que s'organisent nos existences avant que n'agonisent nos stances, en instanciation de disparition.

Il faut s'y résoudre et accepter, comme il y a eu Néandertalien avant Cro-Magnon, qui avait les crocs mignons et s'est magné de tout foutre en l'air.

Le progrès est lent dit-on, oui c'est sans doute vrai de la métallurgie et de ses 6 000 ans d'existence, mais pourtant quand ça accélère ça nous colle au siège et ça se referme comme un piège parce que nous libérons des forces plus grandes que nous. Hiroshima à Fukushima c'est toujours le même schéma !

Compétition n'est pas pétition…
Pour autant une réflexion s'impose !

Mon premier suppose une partition, des gammes pour une portée future, et des courses vers l'arrêt de bus sans rébus.

Mon deuxième indique l'indignation, la réaction et la confrontation dans un rapport de force où la musculation n'a pas sa place mais la cogitation oui bien sûr.

Dans les deux cas il ne s'agit pas d'individualisme mais de partage dans une dimension plurielle évidente et inéluctable, même face à la table hongroise, sauf à être un paltoquet fou de tokay. Pourquoi ne se balade-t-on pas autour du lac Balaton ?

Le com c'est cum comme vos bises, avec, ensemble ou contre car il y a cette dimension du combat, de la lutte déjà évoquée dans « athlon ».

Compétition vient du verbe Competere : rechercher briguer et de l'action competitio.

On peut compatir à la malchance ou à la méforme des autres sans se départir d'un esprit de compétition ou l'affrontement sportif à un sens limité et circonscrit dans le temps et dans l'espace sans plus de portée, sauf à nourrir et entretenir rivalités et querelles dans la durée mais dans une tout autre logique.

Ce qui arrive parfois par médias interposés quand sont montées en épingles des chicayas.

Pétition, vient de petitio de petere ; chercher à atteindre (pas forcément avec un projectile)

On peut défiler sous plusieurs bannières, celles des couleurs d'un pays ou d'un club, ou celles de revendications sociales, politiques, syndicales

On recherche toujours quelque chose ; qu'on brigue une place sur un podium ou qu'on cherche à atteindre de hauts personnages, décideurs dans notre société hiérarchisée et technicisée, à chaque fois on fait valoir des arguments mais pas les mêmes !

Le talent, le don, le travail, la volonté forgent des qualités (intrinsèques ou pas, même par temps mouillé) de compétiteur prêt à se battre pour son équipe ou pour lui-même.

Cet état d'esprit de ne rien lâcher, de se préparer sérieusement, en conscience et en responsabilité, peut impacter une dimension sociale et ou politique quand il s'agit de porter des revendications, des doléances vers des autorités.

La compétition ne mène pas toujours à la pétition mais elle peut y aider et y concourir, même en marchant.

La pétition qui s'accompagne parfois de manifestations, de protestations peut être athlétique voire parfois plus, même si ce n'est pas souhaitable.

Cri primal pas primate, encore que !

Nombreux sont les écrits qui ont discouru (comme les bruits courent) sur des pratiques ancestrales (pas des râles) qui remonteraient du fond des âges (et de la gorge) pour satisfaire un besoin d'exprimer le contentement mais aussi la libération (pas seulement après l'hibernation) et pour certains historiens dans les hypernations ces surgissements vocaux (pas sortis de bocaux) ne correspondent ni à des conserves ni à des concerts.

Eh oui il y a dans cet acte d'expiration brutal et retenu pour un soudain lâcher, non une marque de dédain au point d'effrayer les oiseaux alentour ni même de déranger les bébés qui font la sieste mais bien ce besoin indicible de lâcher prise au moment où l'engin quitte la ou les mains, avant d'entamer son vol depuis la piste et tutoyer momentanément l'azur.

Cri de provocation, d'extase (pas d'épectase, ce serait divin) ou juste habitude de ne plus retenir ni les chevaux ni le bruit de la cylindrée. Alors si ça ne fait pas boum dans la poitrine comme l'a chanté Charles Trenet peut être que ça fait vroum malgré la stridence usuelle.

Mais il y a fort à parier que les ressorts sont à rechercher dans l'antiquité (pas chez les antiquaires avec les comtoises, clepsydres helvètes et autres oisillons chantant l'heure et annonçant le bon et vrai moment (de vérité ?) quand la poudre a parlé !

Pensez donc au siège de Troie chanté dans l'Iliade et à Stentor à la voix si puissante qu'elle pouvait, dit-on, couvrir celle de cinquante guerriers !

Homère alors (oh mince disent d'autres) il devait être doté d'un organe hors du commun pour réaliser ce qui semble impossible mais dans la mythologie les hommes exceptionnels pullulent à foison (parfois même à toison comme Jason et les argonautes — l'essentiel étant de ne pas avoir peur et de ne pas prononcer le fatidique May day face à Médée).

Alors aux détracteurs de ces (pas des empêcheurs de tourner en rond pour certains lanceurs dans des cercles pas que cabalistiques) pratiques d'un autre âge encore faut-il préciser sans creuser de microsillons (on ne cherche pas à les enregistrer et personne n'a de droit d'auteur ni même de fauteur de trouble) qui pourraient trouver ces manifestations incongrues voire bestiales qu'elles sont monnaie courante.

Le public et les élèves des écoles d'athlétisme sont souvent électrisés par ces longs et déchirants (pas l'azur ce sont les engins) cris qui fendent l'air comme pour accompagner d'un signal bienveillant l'engin et susceptible de l'aider à aller le plus loin.

Credo ou créneau, les cordes vocales sont sollicitées comme une illustration de plus de la mise en tension et de cette détente (pas adiabatique ni à diabétique) qui propulse.

Cri de joie, cri guerrier, encouragement chamanique, qui

sait donner un sens autre que celui d'orienter par un vœu formulé le désir d'exploiter cette énergie contenue et libérée qui produit son effet dans une courbe parabolique. Aller y chercher une parabole (pas médiatique, pas besoin de couverture) c'est soit avoir des antennes (pour un travail de fourmi – alors que c'est plus près d'une cigale et du bruit de ses élytres) sans se rapprocher du vol du bourdon !

Expulsion (on ne sait pas si les réfugiés pratiquent les lancers mais par contre les lancers en approvisionnent beaucoup en vivres et produits de première nécessité dans leurs camps) concomitante du bras via la main (sans jouer petit bras ni voix de fausset) et de la gorge via la bouche (pas à feu... ni à sang d'ailleurs) on cherchera dans cette quasi-synchronicité (qui a droit de cité sur les stades) une empreinte empathique en pratique mais pas amphigourique.

Depuis que des recherches phonologiques récentes ont montré la capacité (pas que thoracique) du Chimpanzé à émettre des sons si proches de nos six voyelles on s'est pris à regarder les primates et surtout les grands singes de manière moins simiesque (même si certains ont encore fait la grimace).

De plus avec ce que l'on sait maintenant on peut se dire (avec les apports sur nos gènes venant de Néandertal en prime) que le chemin évolutif est plus court (pas de court-circuit ni de larsen) et que la remontée des cordes comme la conformation de la cavité buccale ne sont pas des explications définitivement convaincantes.

Alors des grognements indistincts au caractère bestial à des sons articulés porteurs de sens et de lien entre signifiant et signifié il faut sans doute revoir nos vieux modèles et les adapter à de nouvelles réalités contingentes.

Le cri n'est pas le propre de l'homme, pas plus que le rire d'ailleurs n'en déplaise à Bergson (on l'a pas sonné celui-là d'ailleurs !) et tout ça vient de loin, du ventre avec l'aide du diaphragme et correspond à un schéma corporel où les énergies circulent bien.

Ne soyez donc plus surpris aux abords des aires de lancer si d'aventure vos tympans subissent une agression sonore, les lancers n'ont pas que du rythme et une petite musique la finale est crescendo et même s'il ne s'agit pas de contre-ut, ça ressemble parfois à un uppercut.

De Tadmor à Tartous, la Syrie n'en finit pas d'être découpée

Des pays furent construits sur des malentendus. Des mâles occidentaux qui s'étaient entendus sur leur dos sans écouter des tribus, des femmes et des récits pluri-millénaires.

Quand on laisse le soin à des ignares et à des incultes le soin de partager des portions de désert on paie le tribut au moment du dessert et il ne reste que des miettes à se partager d'un ancien territoire d'empire démembré.

Allah est grand mais les Alaouites sont une toute petite partie de cette population qui est si bigarrée dans le haut cours du Tigre et de l'Euphrate si propice au développement de civilisations diverses et d'une richesse infinie.

On dit même que c'est sans doute là qu'une crue a pris les habits de Noé pour cible.

Les noms les plus connus s'encharnent et Babylone résonne quand Mari nous laisse marris, pourtant ce n'est pas du Tigre qu'il faut vous entretenir mais bien du Lion « Al Aassad ».

S'il ne fait aucun doute que le Lion a longtemps peuplé ces contrées que les romains quand ils le rencontraient avaient tendance à clouer à une croix dans un supplice féroce, il y en a eu un autre, une lignée plus exactement qui s'est fait les dents et les griffes il y a fort longtemps déjà et qui continue.

Il nous faut évoquer de cette région charnière et carrefour de l'orient et de l'occident ; non les dents qui occirent si souvent mais les dits qui enchantèrent les voyageurs en chemin sur la route de la soie.

Car souvent Damas a répondu à Bagdad sans uniquement répandre le sang.

Caravansérails et chameaux, bédouins et caravanes voilà qui confirme pourquoi jésus crie, mais pas seulement dans le désert.

Nous savons bien sûr aussi que de multiples influences se déploient successivement et parfois simultanément sur ces contrées riches d'un passé glorieux mais tourmenté et donc les vestiges si multiples ne laissaient aucun doute au moment d'attester de la grandeur passée.

L'influence Hittite même si jamais rapportée par Tite Live dans ses livres est patente même si elle ne fut pas épatante, du moins marqua-t-elle du sceau de l'architecture les bas flancs des murs des palais et notamment ceux de Tadmor qui deviendra Palmyre sous les romains du fait des palmiers. On se demande, macabres au jeu du dénombrement (plus de 320 000 morts depuis 2011 !) si ce n'est pas tas de morts dans une veine lacanienne que rien ne retient.

Les chemins se croisent et les croisés y feront aussi leur apparition, l'émir Salah ed dinn n'était-il pas d'origine Kurde de la région d'Alep, de ceux qui déterminés n'hésitaient pas au nom du Sultan à couper des têtes mais aussi à passer des savons à ses troupes.

Sur cette terre d'influence, toujours les frontières furent floues et cela continue, poreuses et c'est maintenant la peur qui remplit les regards.

Le krach des chevaliers qui est sans doute la forteresse la plus massive et la plus emblématique de l'occupation croisée au moment du royaume de Jérusalem mais aussi des principautés de Tripoli, Éphèse et autres.

Et puis sans boucler la boucle nous arrivons à Tartous, pas si loin que cela de Lattaquié dont nous savons que les troupes de Daech ont attaqué la région il y a peu, bastion des Alaouites.

Tartous donc, ce port pour la marine de guerre russe qui y fait relâche pour pouvoir mieux se déployer dans la Méditerranée face à la 6e flotte US elle basée un peu partout.

Une position d'une importance stratégique incommensurable pour des Russes qui depuis la base de Sébastopol en Crimée, louée puis annexée ne peuvent pas surveiller et intervenir aussi vite qu'ils le voudraient au travers des détroits ; passer de la mer noire à celle de Marmara devant Stambouli et puis les Dardanelles.

Il en est de même au niveau des avions pour le survol de territoires.

Alors oui le drapeau noir historique peut bien flotter et les sunnites revigorés défendre leur histoire, il y a beaucoup de corvées de bois dans cette scierie qui coupe, tronçonne, lamine et décapite.

Face à une armée Bacharienne déconfite mais qui attend des Russes non des ruses mais du matériel pour tenir encore et encore dans une tenaille historique et hystérique qui pourtant se referme chaque jour un peu plus.

Débarquement

Une mer forte se couvre d'une forêt de navires
Un ciel froissé se constelle des éclats de carlingues
L'opération Overlord vient de commencer
La manche à son plus large est traversée
Ce n'est pas une partie de plaisir
Avec un océan démonté
Ils vont monter à l'assaut
Ce sera juno, sword utah et omaha
La pointe du hoc et des troupes de choc
Les pétales des parachutes
Couronnent sainte mère l'église
Colleville est sous les feux
L'aviation alliée pilonne sans merci
Les positions allemandes
Le mur est-il infranchissable
Les plages sont balayées
Par le tir en rafales des mitrailleuses boches
Les canons de marine tonnent et déversent
Des flots d'obus sur les bunkers et casemates
Et les chevaux de frise entravent l'arrivée de barges
Les plages se couvrent du sang des sacrifiés
Il est bien difficile dans ces conditions d'avancer
Il faut voir le déluge de feu depuis les hauteurs fortifiées
Certains même valeureux n'en mènent pas bien large
Plus de promenade des douaniers
Le sel appelle le sang pour étancher la soif de combats

La progression alliée est pénible et difficile
Pourtant retarder la venue des panzers
À travers les bocages sans faire trop d'otages
Mais les bombardiers visent mal
Et les victimes civiles s'entassent dans les ruines fumantes
Des ponts sont pris et tenus coûte que coûte
La tête de pont finit par s'établir
Avec dans sa suite l'intendance et la logistique
Qui sont non pas des baumes ou des phlogistiques
Mais le soutien nécessaire du train à l'avancée
La reconquête est au bout du canon
Parfois encore servent les baïonnettes
Les Gi ne sont pas tous accueillis en libérateurs
Quand ils ont contribué à tuer qui un père, une sœur
Pourtant le calva est consommé à haute dose
Ce ne sera pas une partie de plaisir
Les fritz vendent chèrement leur peau
Et des poches de résistance se forment
Qu'il faudra patiemment réduire
Des monceaux de ruines émaillent ce chemin
La gloire et le désespoir vont presque de pair
Pourtant les libérateurs s'ouvrent un chemin
Et vers la capitale comme vers Strasbourg
Pour ceux du serment de Koufra
La poussée dopée par Arromanches
Qui déverse chaque jour son contingent
Et de nouvelles armes
Le chocolat, les bas de soie et le corned-beef

Font leur entrée en force dans nos campagnes
Jamais une telle opération amphibie
Et dans le ciel n'avait assombri
Tout en éclairant les cœurs
Des promesses de liberté et de bonheur
Venues après tant de dureté sous le joug et la botte
Même guillaume avant Hastings
N'avait pas rodé la manœuvre
La duplicité fut une alliée avec la météo
Pour que l'effet de surprise puisse jouer à plein
Ils connaîtront pourtant des freins
Et après les bas des plages endeuillées
Les hauts des trouées dans les barbelés
Il en reste des traces, oh pas pour l'éternité
Mais la mémoire ne s'éteint pas encore
Là où les cimetières donnent à voir à perte de vue
les morts

Fougères sur Bièvre

Il y a de ces villages qui n'ont pas de vil âge
Mais recèlent des trésors qu'il suffit de chercher
Ainsi les paysages nous sont donnés en partage
Il suffit pour cela de savoir bien marcher
L'un d'entre eux est fort chargé d'histoire
Possède un beau château, encore bien fortifié
Point de poterne mais quelques écritoires
On y voit merlons et meurtrières, hourds et mâchicoulis
Qui ont dû, dans le voisinage, plus d'un mortifier
On y imagine les assaillants faisant des sièges
Et des mangonneaux et balistes, le roulis
Et ne les levant qu'une fois la contrée rançonnée
C'est ainsi que souvent les pays se sont façonnés
Et pour autant il n'y avait pas plus de piège
Et pourtant dans le donjon fort dans l'angle situé
Trouva à se mourir d'abandon une gente dame blanche
Rien à voir avec le désert mais tout avec le désir
Pourtant on la laissa croupir et puis tant gémir
Aujourd'hui la légende le raconte à longueur de planche

Jouir pour se réjouir

Faut-il pousser si loin ses avantages de bretteur
Et percer à jour les intentions de sa partenaire
Pour ne pas se considérer comme célibataire
Ni même dans la meute un simple meneur
Faut-il en avoir bavé, pour tant de pièges, déjouer
Pour ne pas saisir l'occasion et tes cheveux dénouer
Ta taille saisir comme une flûte à fleur d'appeau
Et parcourir des doigts le chemin de ta peau
Faut-il oublier tout ce qu'on a espéré ou chéri
Pour rien que l'espace d'un instant se retrouver dans ton lit
Et nouer et souder et suer nos deux corps qui n'en peuvent
Sans cueillir sur tes lèvres ces sourires qui émeuvent
Faut-il de ta vue commencer non par t'imaginer toute nue
Mais laisser le désir lentement monter vers son acmé
Sans avoir l'envie de se précipiter dans la rue
Et dériver ensemble sur des chemins de perdition en baisers
Faut-il que de ta bouche monte vers moi cet appel
Pour que me ruant je me penche pour t'étreindre sans peine
Éreinter ton corps de caresses et te laissant tremblante
Faut-il que je t'avale, te gobe et puis t'englobe
Pour ma langue dans ton sexe y voir un autre globe

Et entendre tes soupirs qui montent quand je descends en toi
Faut-il que nos râles se mêlent pour dire ce moment de fusion
Et qu'ensemble nous trouvions des clés pour forcer le destin

La ronde du temps – perpétuation et changements

Les anciens nous ont tant laissés
Il suffit pour cueillir de se baisser
Mais ce n'est pas de la mort le baiser
Ni du pas de côté le biaisé
Peut-être un pas de trop
Enfin sûrement le dernier
Cet apport est permanent
Qui comme dans une noria
Amène un mouvement continu
La foule un soir de feria
Qui déplace des flux
Favorise des échanges
Déplace des niveaux
Mais jamais ne finit au caniveau
Engrenage qui avance
Et jamais ne recule
Force dans l'axe
La multitude dans sa différence
Non vers une dive errance
Mais garde le souvenir
Du chemin parcouru
De ces temps de partage
Où il n'y a point d'étiage
Mais où on fait monter
Parfois jusqu'à l'étage
En évitant l'étalage

Le bonheur

Le bonheur est dans le près, le bonheur est dans le pré, le bonheur est dans le trait mais ce n'est pas d'une traite que nous pouvons le trouver, le chercher, quand la vie est vache et que tout va de mal en pis on ne se dit pas que le pi est la clé et la solution à tous nos maux.

Le bonheur est-il dans le fait de se satisfaire de ce que l'on a et donc de ne pas guigner ce que possède autrui, l'herbe est-elle plus verte ailleurs et l'acceptation, la résolution autour de ce qui est suffit-il à nous apaiser là où des forces internes nous font nous mouvoir vers des ailleurs.

Nous sommes notre plus grand bailleur de fonds dans l'espoir de changements et de progrès pour sortir ou s'extraire d'une situation.

En quoi réside le bonheur et comment s'appréhende-t-il ?

Félix qui potuit, la félicité n'est pas l'hélicité et les spirales nous font-elles tourner en rond ?

De bonne heure et de bonne humeur, l'avenir appartient à ceux qui se lèvent tôt, ensuite si leur caractère naturel les porte à l'optimisme qui n'est pas l'enthousiasme alors chassant les miasmes du matin pour passer aux chiasmes qui enluminent les phrases.

Il y a du fond et de la forme qui parfois déforment la condition humaine mais celle-ci doit-elle fonder notre désespoir ou au contraire nous amener à l'espoir de l'action et du changement malgré tout.

L'impuissance est un élément du malheur mais aux mauvaises heures comme aux mauvaises herbes succèdent des fleurissements d'idées et de pensée plus positives qui nous entraînent vers de pentes plus verdoyantes.
Si à quelque chose malheur est bon, à quoi sert donc le bonheur ?

Le changement, rien de simple en soi

On aboutit à des constats qui vous font presser le pas en endosser des décisions, mais ce n'est pas toujours d'absolue gaîté de cœur pour différentes raisons et d'abord la force de l'engagement et des convictions, l'investissement qui a tissé des liens et une somme de travaux et de résultats qui font partie de vous et vous appartiennent un peu en somme, dans le partage et la satisfaction des services rendus et puis c'est comme cela, il faut tourner la page et tirer un trait, sommer sans assommer, partir sans se départir de son flegme et jouer un peu à l'indifférence pour ne pas trébucher au moment de franchir le pas.

On ne prend jamais de telles décisions à la légère et si ça ôte des poids ça peut rajouter des inquiétudes sur le devenir et comment cela va se passer.

Alors une phase de transition bancale et malaisée qui peut vous laisser un goût amer et des regrets, ou simplement vous confirmer des impressions et l'envie ferme de trancher un cordon ombilical, sans caler devant l'épreuve, la décision et le saut que cela représente.

Le départ pas forcé, mais sans regrets ou du moins où l'on ne sent pas d'affect immodéré partagé parce que les liens se défont et que le désinvestissement commence tôt dès la nouvelle annoncée, pour ne rien compliquer et aussi parce que face à la stabilité, repère et nécessité pour certains, il est des pas qui font peur et interrogent non seulement sur les raisons mais les capacités.

Bref un moment d'intranquillité notoire entre deux trottoirs et le passage sur une chaussée pas forcément glissante par nature mais qui marque le pas au moment de l'avancée.

Jeter sa gourme et avancer sans se retourner plus que nécessaire, car on ne conduit pas les yeux dans le rétroviseur mais au contraire en essayant de se projeter pour prendre du champ et évaluer les perspectives avec envie et énergie, si jamais celle-ci ne fait pas défaut dans le deuil que représente le lâcher prise sur ce qu'on a essayé de maîtriser tout au long des années, parfois avec succès et d'autres avec témérité.

Alors sans rien attendre, ni questions ni demandes, ni même de manifestations d'intérêt il faut se préparer à ce nouveau chemin et enfiler des habits de voyage pour retrouver le goût de la nouveauté, des découvertes et de la curiosité qui va doper l'envie et donner du mouvement.

Ainsi pourra s'accomplir la destinée, raisonnée ou pas, pour un ailleurs, des différences, contextes, repères et lieux mais si la mémoire ne se tarit pas au bénéfice de qui s'exercera-t-elle encore quand on a été trop souvent habitué à être celui qui sait ou rappelle, une étape dans l'accomplissement de soi et puis un nouveau début, humble mais posé qui peut permettre de reconstruire, sinon des certitudes du moins des envies calibrées à ses possibilités.

Le départ de Dominique, pour toujours

Je l'ai vu, telle une momie, dans ce cercueil
Le nez pincé, les lèvres ouvertes au teint vermeil
Ce fut trop tard et elle ne pouvait plus rien dire
Je me suis pincé j'étais soufflé à m'en maudire
Sa fin était bien sûr sans doute annoncée
Et la maladie avait atteint un stade avancé
Pourtant elle n'avait jusqu'au bout pas renoncé
Mais la lutte fut par trop inégale qui avait affaibli
Son pauvre organisme depuis déjà de longs mois
Elle avait choisi pour en finir un chemin étroit
Et c'est presque seule que son corps s'est raidi
Dans ma mémoire et ma conscience l'éclat de ses yeux
Brille encore, sa tignasse volumineuse et sa douce voix
Nous avons fait un bon bout de chemin nous deux
Mais ce départ qui fut si soudain m'a laissé coi
Plutôt Ko en fait de ne pas avoir cru et vu l'inexorable
Mais elle se tenait à l'écart depuis un moment déjà
Sa vie avait été animée mais n'avait rien d'une fable
Sa fin misérable par certains côtés m'a laissé là
J'aurais bien imaginé l'accompagner encore un moment
Mais pour se dire adieu on n'a pas le choix de l'instant
Confidente amusée et espiègle elle avait un bel optimisme
Se nourrissait de peu mais avait besoin de compagnie
Ne se plaignait jamais de sa condition matérielle
Et savait apprécier chez l'autre la différence
Avait-elle eu une dive errance dans les contrées lointaines

Cela jamais je ne le saurai vraiment sauf à rencontrer
D'autres passeurs de temps et de mémoire conter son histoire
Les belles âmes s'en vont et il nous en reste l'acmé
Les moments partagés, les conversations animées
Un lien fort qui ne peut se distendre ni se rompre
Un torrent de larmes qui se libère soudain
Et le sentiment de l'inachevé

Le doute

N'est pas comme une croûte mais cicatrise-t-il vraiment ?
Le doute n'est pas qu'un système de poids et de mesures, c'est un engrenage et si on ne nage pas dans le bonheur on s'immerge dans le doute.
On peut redouter le doute et ses conséquences mais peut-on douter de la redoute, qui habille tant de gens et protège mais pas seulement du froid ?
Si le doute est une protection contre les certitudes et une arme contre les gens trop sûrs d'eux, il n'amène pas mais est le questionnement permanent pour aider dans la recherche de la détermination, il est un facteur de la détermination qui fait osciller entre plusieurs solutions, pistes, voies et qui montre qu'aucun choix n'est assez clair et évident.
Face aux décisions et à leurs conséquences, à la visibilité des rapports causaux, comme pour les joueurs d'échec qui voient l'avenir et le déroulé des séquences, le doute peut être aboli par la raison pure mais ce n'est pas toujours le cas car le futur recèle sa part d'incertitude qu'il faut pourtant accepter et la vie c'est parfois le jeu de dès, aléa jacta est, le sort en est jeté.
La complexité combinatoire des possibles n'éclaire pas toujours le chemin de façon suffisante et seuls les suffisants prennent hâtivement des décisions, sauf au volant où le temps de détermination est très court et le cerveau pédale à toute force.

Alors peut-on lever le doute comme une hypothèque ou un obstacle ? Le doute peut être un obstacle à l'accomplissement s'il paralyse la volonté mais il peut être un auxiliaire pour être pleinement soi et guider vers la meilleure direction, il faut juste que le doute raisonnable et donc tempéré ne s'éternise pas !

Si doute est opposé à certitude, si rien n'est certain ou avéré il faut pourtant faire des paris et explorer des voies, plus sur berges que sur barges, et chercher des failles.

Les risques ne sont jamais absents des décisions, actions et choix qui les amènent mais on peut les évaluer et les minimiser voire les contourner en développant une culture de la gestion du risque mais donc aussi une logique de la responsabilité personnelle et individuelle.

Dans le doute on suspend son jugement et on s'abstient de décider mais cela ne peut durer indéfiniment puisqu'il faut bien avancer et décider (d'un plus décidé et moins incertain ou tâtonnant).

Alors oui la curiosité et l'étonnement peuvent le disputer aux yeux écarquillés et à la peur de commettre sinon l'irréparable du moins de faire le mauvais choix, le moins bon, mais c'est souvent, après, plus tard et parfois trop tard que l'on sait si finalement compte tenu de la donne, de la situation c'était le cas.

Alors pas pari de Pascal, on peut ne pas tomber dans la suspicion maladive et douter de tous comme de soi-même car la confiance et la sérénité sont aussi des ingrédients qui permettent de faire du chemin.

Cependant le non-choix et la non-action qui sont de tradition confucéenne peuvent aussi via la voie du Tao et du non agir permettre à des situations inextricables de se démêler toutes seules sans s'en mêler justement de peur de ne faire qu'envenimer des choses.

Mais pourtant dans des jeux on ne peut passer son tour et si souffler n'est pas jouer, et qu'avant de jouer il faut parfois souffler on peut aussi se faire souffler sa place surtout si on va à la chasse... oui mais à quoi, pas au snark au moins ?
Le cogito nous fait-il monter sur nos ergots, certains préfèrent dire je doute donc je suis mais s'empressent de rajouter mais j'essuie les errements qui vont avec.
Non le doute n'est pas égarement et une voie sans issue, il est cette voix intérieure qui souffle de ne point décider trop vite et de peser les patates. Le doute est retenu avant le lâcher de barrage, le doute est nécessaire même s'il peut avoir des côtés négatifs et saisissants.
Mais ce non-engagement immédiat, face à la supplique, n'est pas un supplice, face à l'injonction, attend la conjonction, et puis c'est un faux détachement car il y a une volonté d'aboutir mais pas n'importe comment et pas à n'importe quel prix car il y a des décisions qui coûtent... certaines plus que d'autres, et puis entre avantages et inconvénients, pros et cons, drawback, il y a la conscience aiguë qui s'agite !
L'instinct joue aussi un rôle qui nous fait sentir par ce sixième sens ce qu'il vaudrait mieux, mais il y a de la

subjectivité et puis dans les choix collectifs on essaie justement de la gommer par des confrontations de point de vue, ce qui peut être l'art du consensus.

Dimension individuelle contre dimension collective, non juste juxtaposées !

Mais on peut être hanté de manière presque maladive et alors c'est une pathologie, on ne laisse pas seulement ses pattes au logis, ce qui peut permettre de prétendre « le doute m'habite » sur le ton du constat !

S'agit-il d'habitus et peut-on changer les mauvaises habitudes, sans doute par un intense travail sur soit même afin de chasser le doute comme des nuages obscurcissant l'horizon afin de dégager de nouvelles perspectives.

Pour s'engager et avancer il faut décider, et pas décider de ne rien décider du tout, il faut prendre position, il n'y a pas d'abstention possible comme en loge.

Alors oui on pourrait aussi le catégoriser comme une sorte de scrupule face à la complexité et à un entendement limité, un aveu de faiblesse ou de limitation, loin des imitations, mais pourquoi pas une forme de subtilité aussi.

La remise en cause de dogmes, la mise à bas des certitudes peut être une démarche active vers de nouvelles voies mais suppose et nécessite d'argumenter, de justifier et de venir en appui à une construction qui soit la plus rationnelle possible.

Finalement on trouve d'autres questions comme le comment se détermine-t-on (sans se miner) ? L'insatisfaction est un ressort permanent pour remonter des mécaniques complexes.

Néanmoins n'oublions pas le principe d'incertitude de Heisenberg en mécanique quantique et le théorème d'incomplétude de Gödel *et* les propositions formellement *indécidables*.

Devant le doute je ne m'efface pas mais je choisis ma trace.

Le muguet et le bouquet sont des vainqueurs tous trouvés

Il court il court le furet, au bois mesdames au bois joli
Mais il ne s'agit pas de traîner en chemin l'anneau serti
L'alliance du plaisir et de l'effort anime notre belle course
S'y pressent badauds et participants, fort nombreux of course !
Un parcours de choix mais pas de roi pour couronner la saison
Et peut-être en guise de réconfort après l'effort quelques salaisons
L'intendance suivra mais pour la grande armée sera-ce la bonne année
On ne se rasera pas, le suspens sera au rendez-vous annoncé
Si on pouvait éviter de se rincer sauf au brumisateur acteur de bienfait
Alors voyons céans s'il y a des oh et des ah façon Gainsbourg
Quand les macadams pas cow-boys arpentent les faubourgs
On trouvera bien les traditionnels stands ou en brins s'achètent
Signe de pureté et fée clochette l'arôme délicat d'un parfum
Ouverts aux quatre vents parce que rien absolument ne les arrête

Et qu'il faut bien combler les sens à défaut de calmer la faim
Et puis on aura ce refrain entêtant qui monte et fort nourrissant
Car les encouragements nourris ne devront pas faire défaut
Ainsi le cheminement sera moins dur qu'en applaudissant
On n'entendrait pas, pour sûr, un simple vol de gerfauts
Bruit de fond qui ne fait pas faire des bonds ni tourner en rond
Banderoles et fanions qui pourtant s'agitent frénétiquement
Et quelque porte-voix qui diffuse au loin consignes et musique
On donnera dans la grâce de la plastique, au sens artistique
Ils s'en donneront à cœur joie même si la tocante bat la chamade
L'essentiel sera bien de les accompagner jusqu'au bout
Pour qu'aucun, au final, ne reste vraiment en rade

Le nucléaire ne passera pas par moi

Que puis-je faire pour filtrer ces électrons atomiques qui tombent pile mais risquent de nous faire perdre la face » ou du moins de la voiler sérieusement.

Dans un éclair nous eûmes la révélation de la nouvelle ère qui commençait et si c'était fulgurant par définition on se demanda aussi si l'homme n'était pas aveuglé par cette toute-puissance soudaine.

Depuis on nous a assurés et susurrés sur tous les tons qu'on avait réussi à domestiquer l'atome et cela sans le couper en deux, pourtant des risques existent qui ont bien été identifiés et qui pourraient nous conduire à de terribles catastrophes.

Toute la vérité n'a pas été faite su Tchernobyl et on se demande bien si ce ne sera jamais un jour le cas en ce qui concerne Fukushima.

On est passé d'un relatif état d'insouciance à une conscience aigu du problème et comme le réchauffement climatique joue sur l'isostasie des sols on ne sait pas quelle activité de la terre on va accélérer et stimuler et puis demain les tremblements de terre, les tsunamis et l'activité volcanique se multipliaient que pourrions-nous faire ?

Alors bien sûr il y a la notion de renoncement après un tel investissement, l'entêtement et le poids d'un lobby surpuissant, bien sûr ça nous a aidés à passer des années difficiles après les chocs pétroliers et réduit la facture énergétique mais ça nous a aussi empêchés d'investir dans les énergies nouvelles autant que d'autres et nous n'y sommes pas si bien placés que cela !

Mais que faudra-t-il et pourquoi toujours nier la dangerosité pas supposée, les accidents et les risques, faisons les comptes pour le démantèlement et le coût de possession total, la mise à la norme et ne serait-ce que l'allongement de la durée de vie qui n'est qu'une manière élégante de repousser les échéances à plus tard alors qu'il nous faut nous préparer à les affronter et d'abord la perspective d'une énergie plus rare et plus chère, l'ère d'abondance est terminée, on va vers la pénurie et le rationnement mais au nom du progrès cela, on ne peut l'accepter.

« Le temps ne reconnaît rien de ce qui se fait sans lui »
Proverbe sénégalais

Dans l'étendue du temps il s'en passe des choses, courtes ou longues, fugaces ou qui durent.

Et si le temps est un marqueur fait de jalons et de repères, de toises et de mesures, qui fait venir à la mémoire le souvenir quand… pour autant il ne suffit pas complètement à délimiter.

Ainsi si les origines sont nécessaires, les amplitudes donnent une mesure plus exacte de ce qu'elles permettent et amènent à évaluer et normer différemment ce que l'on nomme et décrit.

Et puis la durée est une chose qui rend possible l'accomplissement, la maturation et l'achèvement mais pour des instantanés, des instants tannés où se fixent des couleurs particulières, il est plus difficile de dire et soutenir car la base est fragile et le quantum limité.

Alors il s'agit sans doute de traces laissées qui laissent à voir l'œuvre dans sa temporalité, pourtant aussi brèves soient-elles parfois, le résultat est là sous nos yeux agissant comme un révélateur.

Les autres en miroir

Qu'est ce qui me pousse à ne vivre et penser qu'à travers le regard et les mots des autres, une grégarité forcenée ou encore un besoin de confrontation et d'étalonnage permanent pour me jauger me faire juger, rectifier et clarifier ?

Tout cela reste bien obscur au-delà des prémices éducatives et des enseignements paternels qui voulaient dans une empreinte restée vive que l'avis des autres et finalement une certaine conformité soit nécessaire pour avancer, non pas comme un blanc-seing ou un go ahead uniquement mais parce que ces traces de compagnonnages sont nécessaires pour réfléchir et enrichir une démarche avant que de prendre de nouveaux chemins.

Il n'est pas uniquement de l'ordre du symbolique d'avoir besoin et d'appeler le miroir moins par narcissisme que par méfiance quand à ce qui pourrait advenir si on s'entêtait seul loin des conseils que peuvent parfois nous prodiguer à bon escient d'autres spectateurs ou acteurs de situations.

Pas directeurs de conscience mais ouvreurs de consciences et passeurs d'autres dimensions cachées où qui ne nous seraient pas assez clairement ni assez tôt apparues au point de suivre de manière fort subjective des intuitions et guidé par des plaisirs immédiats dans la joie d'un épanouissement réel mais parfois un peu vain.

Alors domestiquer cette énergie qui ne demandait qu'à s'exprimer en lui faisant toucher et trouver des points d'attache et des horizons souhaitables.

C'est pour cela que les autres sont nécessaires à entendre et surtout écouter pour écourter des expériences peu bénéfiques et prendre des voies de traverses qui ne vous auraient pas traversé l'esprit. Pas par une sorte de trait de génie mais juste le juste raisonnement qui fait entrevoir une issue favorable et parfois peu lumineuse.

Alors oui il me faut non pas quêter leur regard et appeler de mes vœux leurs dires, mais au moins susciter des réactions, qu'elles soient approbations ou pas, d'actes et de paroles quand emporté par un élan on donne dans l'excès ou par précipitation on verse dans l'à peu près.

Ils ne nous condamnent ni ne nous jugent mais aiguillent et orientent notre boussole intime sans rien intimer mais seulement venir à la conscience ce qui pourrait être utile et servir et influencent ainsi durablement notre vie.

Ils ont nom mentors ou confidents, amis souvent et ne demandent rien que de nous dire la vérité à travers de leurs yeux et nous montrer un peu plus ce que nous sommes en vrai mais avons tant de peine à percevoir souvent entre ego et représentation, socialisation et jeu de rôle.

Dissociant le fond et la forme il y a dans les messages et les manières, les mimiques et les gestes tout un monde d'incompréhension qui risque parfois de perturber le message, du moins sa réception, plus de simplicité ne peut pas nuire et tant pis si on luit un peu moins en société, la sobriété est à ce prix qui ne nous amène pas écumant au bord des mots.

Les piliers du temps

Les piliers du temps
une ouvre élancée
à la conquête du ciel
des hommes décidés
à cet aboutissement
des travées et du génie,
des matériaux modernes
pour les croisés des ogives
voûtés sous la charge
quêtant du regard
les arcs de décharge
des corporations organisées
le triomphe de l'oralité
le règne du secret
la grandeur de la piété
des espaces lumineux
un dégagement des contraintes
des risques de fissures
des ceintures de fer
des chaînages

Darwinisme social, du win win ?

On nous bassine avec le darwinisme social en nous serinant que seuls ceux qui s'adaptent survivront et que face aux nouvelles contraintes de la mondialisation sous couvert de productivité et de compétition il faut s'aligner !

On agite les chiffons rouges des peurs ancestrales, enfouies mais pas enfuis, et des millénaristes aux catastrophistes sans donner dans le sophisme à tous crins on ne craint pas d'effaroucher et de stigmatiser, les soi-disant improductifs !

Les ploutocrates se gobergent sans voir la colère monter, mais faut-il que ce soit l'essence, synonyme de liberté (de circuler) qui enflamme les esprits ?

On pousse la chaudière sociale et on s'étonnerait de passer du ronronnement à l'explosion, quand rougeoient les braises attisées par l'indignité de conditions honteuses.

Les hommes sont las et le marquent dans leur corps et leur cœur, tétanie respiratoire, anomie, anonymat, que reste-t-il et qu'est ce qui compte vraiment, où est l'humain derrière les objectifs et les contrats, les engagements et les délais, le « marche ou crève » sans grève générale ; les plus gênés sont-ils ceux qui râlent ?

Mais le management pas objectif a vécu et la gestion des ressources pédale dans la semoule, car on se moule de moins en moins dans les modèles infligés, et il y a le retour de l'ethnique, du piercing au tatouage, pas d'âge pour se faire une personnalité !

Les dégâts sont considérables chez les hommes chosifiés qui ne trouvent plus le même épanouissement et ont perdu cette fierté insigne de la classe ouvrière.

Les symptômes et alertes se multiplient à l'infini et ce n'est que le début, même les chinois se préoccupent auprès du BIT des RPS, les risques psychosociaux qui cachent derrière cet acronyme fourre-tout, des mauvais traitements généralisés, une perte de confiance, un repli sur soit, des atteintes à la dignité.

Et cela cache bien souvent des manques et des manquements dans le domaine de l'organisation qui ne vise pas spécialement l'épanouissement, or ce qui ne rend pas les hommes heureux les rend tristes et aussi moins créatifs et partageurs, sur leur garde et moins coopératifs.

Les modèles piscines et autres qui favorisent dans les entreprises les points de rencontre et les décloisonnements peuvent avec la liberté de manœuvre suffisante, de l'espace et du temps pour penser et ne pas redevenir cette machine à tâche sous pilotage automatique qui est dans un usage si limité de l'intellect que c'est misère que de voir le manque de culture de certains et l'étroitesse d'esprits conditionnés à la production, oui mais de quoi encore de reporting pour contrôleurs de gestion, ou de création de sens pur pour donner des orientations et alimenter des réflexions stratégiques.

Le bal des pendus continue mais la crise est là avec ses laissés pour compte pendant que d'autres pédales comme des hamsters, rongeurs de sang et de vie, là où il y aurait de la place pour le partage et hors de la concupiscence et du toujours plus, pourquoi pas du mieux et de l'harmonie pour tous, pour un apaisement.

Mais non les règles de partage de la valeur ajoutée sont terribles et terriblement injustes et hormis la résignation il ne peut y avoir de salut que dans une nouvelle structuration de la société civile là où la contre démocratie de Rosanvallon vient nous expliquer les limites de la démocratie de délégation, alors vers la participation et l'autogestion, d'ailleurs mon général n'a-t-il pas chuté en partie sur des propositions allant dans ce sens, en plus d'une réforme du sénat ?

Je sais je m'emporte, je me laisse porter par la vague d'indignation qu'a soulevée notre chère amie, mais c'est ainsi, un citoyen actif est réactif et vigilant et ne doit pas se laisser endormir par les palinodies.

Mais qui écrit donc finalement...

Dans l'acte d'écrire on peut certes penser à une chasse aux pensées vagabondes et éphémères comme avec un filet à papillon qui servirait à capter l'air du temps et à résumer des idées sur les sujets qui vous viennent à l'esprit.

Mais ne serait-ce pas trop facile de considérer à la fois que rien ne s'est passé avant et que tout est là dans le noircissement d'une feuille qui passe en un instant de vierge à chargée d'émotion, de pathos, de descriptions mais aussi de témoignages sur des situations vécues ou seulement imaginées.

Non ce n'est certes pas uniquement un phénomène de confluence qui provoque ces remous de la conscience où s'entrechoquent les mots pour tisser un sens dans le fil du courant.

Derrière moi et l'émoi que déjà il provoque quand on évoque ce jaillissement, ce surgissement de sève vitale qui vient féconder le support il y a bien plus que la seule stratification des pensées accumulées, des humeurs instantanées qui sédimentent et c'est dit mentent aussi parfois ou servent de dérivatifs à un esprit fécond et prolixe qui demande sa purge fréquente pour continuer d'enfanter le sens.

Ah je vois bien certains nous rapporter combien ils trouvent suspects ou maladives cette manie de confier et de confiner sur la page les tourments et les états d'âme qui sinon resteraient d'encombrants compagnons inhibant notre appétence pour les sensations fortes au sein de scénarios fertiles et pleins de rebondissements.

Mais il ne faut pas se dégonfler et oublier que le lâcher de vanne n'est pas seulement un effet de soupape mais aussi un vecteur de mise en mouvement de ce qui s'agite à l'intérieur de soi et ne demande qu'à prendre forme en longues lignes.

Rien n'est écrit, tout est écrit et de quel déterminisme va-t-en donc pouvoir se prévaloir dans cet attendrissement des sentiments qui fleurent bon l'analyse, la contrition ou la désespérance.

Non mais en répondant à une envie soudaine on ne subit pas seulement de plein fouet l'entrechoquement des mots et les idées qui traînent, on prend conscience et on affine sa perception de ce qui importe le plus à ce moment précis et qu'on pointe avec zèle, application ou fausse modestie.

Mais le dire demande plus de conditions, comme des expériences traumatisantes ou qui soumettent à la réflexion nos comportements et nos actes et définissent de nouveaux axes que vont emprunter cerveau et poignet en choisissant de s'engouffrer dans ces brèches ouvertes de la souffrance.

J'écris donc j'essuie ces remontrances, ces bravades et ces foucades qui me narguent et me contristent mais est-ce donc bien ce moteur-là qui me meut comme une vache sacrée aux contours flous ?

Non ce n'est pas fou que je dérive et revienne vers la feuille salvatrice pour emporter des messages et chasser au loin quelques turpitudes incarnées en mauvaises habitudes.

En somme j'additionne les mots mais rien n'est ni automatique ni encore plus arithmétique, ce n'est pas de métrique qu'il s'agit puisque je ne compte pas et laisse filer mais pas en douce le loch certes pas pour amortir le choc mais trouver une nouvelle vitesse.

Libération possible mais pas implicite il faut développer car c'est dans ce fatras de détails que réside non le vrai ni le beau mais le chaud qui soulage et n'embarrasse plus, alors qu'on peine encore à embrasser le récit dans un propos trop contenu.

Enfin même s'il y a un début, une envie, un motif et que rebelle on repousse la mèche et entreprend de prolonger l'instant il faut plus que de la patience et bien plus de science pour achever l'ouvrage.

Master and commander... de l'autre côté du monde

Pour certains il y a des apprentis, des compagnons et des maîtres, pour d'autre c'est affaire d'expérience et de sagesse mais on ne dira jamais assez qu'au-delà de la catégorie il y a un état d'esprit.

Il ne faut pas confondre avec Master et Johnson, un long chemin dans une autre direction autour, certes, d'une notion de performance mais dans un contexte bien particulier de libération des mœurs et d'accroissement des connaissances sur la libido.

Pas d'alibi mais pas dos au mur non plus, les ex-vétérans - ça rappelle un peu trop ces soldats des empereurs romains qui étaient faits citoyens et pouvaient s'installer sur un lopin de terre en posant leur impedimenta - découvre une nouvelle dimension dans la temporalité pour prolonger non le miracle des performances, car l'attrition physiologique est là mais le plaisir renouvelé du partage où l'on fait la part de l'âge.

Alors Vêtus en sportifs et entretenus dans de nouveaux modes de préparation, il ne s'agit pas de tenir la dragée haute, mais même âgé, d'envisager de se maintenir à un certain niveau (pour garder l'équilibre sans coincer la bulle). Qui disait vétéran ne signifiait pas vétusté, hors d'âge (il y a d'excellent cognac), mais il prenait son rang ou essayait de le tenir, sans que les ans le ternissent mais que la mise en situation le vernisse et qu'il hisse bien haut ses couleurs.

Pas revenants donc, pas redevables ni tributaires, certes il y a une prise en compte du handicap quand la brise de l'âge souffle sans s'abattre.

Pas prolongés non plus quand on voit la capacité que cela permet de se maintenir en forme physique et mentale, même si on est comme l'emmental (y a plus de trous dans la raquette) et qu'il faut prendre garde à soi comme le dit si bien Carmen, au point qu'on a envie de lui dire de bisser.
Alors oui l'union faisant la force et la grégarité jouant son rôle, on voit les masters se rassembler (pas se ressembler, malgré le dicton) et faire bloc, logique de commandos comme au temps de la guerre des Boers (on va se tirer des bourres) mais surtout saine émulation sans amulettes pour des sachems qui ne se veulent pas grand sorciers mais savent payer de leur personne.
Le chemin de la vie n'est pas celui de l'ennui ni de la solitude, il y a un temps pour chaque chose, et chaque chose en son temps.
Quand vient le moment magnétique qui aimante et qu'on peut plus donner après avoir tant reçu, alors le bénévolat (pas le béret) et les occasions qu'il engendre, même grand pères, nous donne de la force pour nous situer sur ce nouvel échiquier ou les urgences sont déplacées.
Les maîtres ne commandent pas mais ils accompagnent, témoignent et conseillent ; ils prennent toute leur place dans un groupe ou une assemblée, du moins celle qu'on veut bien leur laisser et ne sont pas les moins enthousiastes par les nouvelles aventures qu'il reste à vivre en commun.

« Mens sana in corpore sano »

Cette citation tire sa source de la Dixième des seize *Satires* de Juvénal (écrites entre 90 – 127). Le sens donné par Juvénal son auteur est en rapport avec la spiritualité antique : « Alors faut-il que les hommes ne fassent jamais de vœux ?... Ce qu'il faut alors implorer, c'est un esprit sain dans un corps sain. »

En cette période de vœux où les hommes se rejoignent souvent pour se souhaiter un tas de choses, bric-à-brac compassé ou farfelu autour du quotidien mais aussi de l'exceptionnel, il n'est pas inutile de se repencher sur cette citation qu'on prend souvent pour une maxime, comme si elle nous incitait à imaginer et voir plus loin que son sens apparent.

Satire mais pas dans le sens qu'on lui donne aujourd'hui et pas autour de la moquerie mais dans une tout autre acception dont l'esprit ne peut échapper totalement si ce n'est qu'il y a en filigrane le lien entre psyché et soma.

Ce vœu comporte l'hypothèse de la nécessité d'un équilibre, pas seulement l'homéostasie de l'organisme mais aussi une relation équilibrée entre corps et esprit pour un développement harmonieux de l'individu, afin d'éviter les fausses notes portées sur la nouvelle page blanche à remplir de l'existence.

Ainsi se tendent les corps et les esprits vers ce but mais parfois le corps à ses raisons que la raison ignore quand la douleur ne peut être raisonnée par exemple ou bien que l'esprit s'abstraie trop du corps dans une vaine tentative de désubstanciation. Le vol Yogique n'est pas à la portée de tous !

Le vœu est un appel mais il n'est pas forcément performatif si la volonté manque soutenue par l'espérance dans un engagement sans faille et une rigueur de tous les instants pour ne pas bouleverser ces délicats équilibres dont nous sommes faits par système et interrelations, complexes certes, pas transparentes, et qui ne livrent jamais facilement des clés de lecture.

La pratique sportive à tous crins et à tout va est-elle un atout certain, dans les milieux pollués, atmosphériquement parlant, on peut en douter quand de récentes études confirment l'effet des rocades sur le QI, donc il ne faut pas courir qu'avec ses jambes mais utiliser sa tête pour savoir ce qui est bon pour le plus grand nombre.

Alors si l'esprit est libre en apparence il est de fait contraint et pour ne pas être contrit, avec ou sans acte, de constriction ou autre on ne peut refermer ce chapitre des intentions qui précèdent souvent l'expression des vœux sans rappeler que toute pratique comporte ses propres risques et que l'excès par exemple est tout aussi délétère que l'absence.

Incorporer les bons ingrédients avec le bon dosage ce n'est pas seulement garder le dos sage face aux intempéries par exemple mais aussi éviter la bronchite en ne respirant pas par la bouche pour éviter cette fois le sanatorium.

C'est au prix de ces efforts constants pour raisonner la

pratique, fruit de la prudence et de l'expérience que l'on peut tempérer la manifestation de l'enthousiasme à qui rien ne résiste sauf le principe de réalité.

**Moi président, je ferai soigner mes dents
(quelques promesses sans paresse
pour que l'ordre paraisse)**

Anaphore en thèmes

Pour un plus beau sourire
et afin aux autres de s'ouvrir
J'utiliserai moins l'anaphore en guise de sémaphore
Parce que pour celui qui s'aima fort c'est trop voyant
Surtout quand tous les voyants sont dans le rouge
Mais je planterai plus d'idées neuves en guirlandes
Pour festonner sans festoyer et se goberger mais étonner
Je serai attentif aux pauvres et aux déshérités,
Ceux qui n'ont pas eu la chance d'hériter
et d'avoir des parents en lignées avant eux
Pas nés avec une cuillère d'argent dans la bouche
Et qui ont beau trimer ne voient pas leur vie s'arranger
Et se sentent plutôt de plus en plus mis sur la touche
Au point que n'importe quel accident et c'est la douche
Je ferai attention à ce que l'égalité et pas la parité
S'inscrivent dans les faits pas comme l'art pariétal
Et que s'étalent au grand jour les délits et discriminations
Je serai vigilant et prompt à réagir pour ranimer
Le dialogue social qui en a bien besoin sans paralyser
Notre pays qui doit aller de l'avant sans éluder les obstacles
Je ferai lever un vent d'espoir nouveau et frais et vivifiant
Qui nous éloignera de certaines perspectives qu'on

qualifie
de terrifiant
Je sonnerai la fin de la récréation après avoir donné son
goûter
à tout le monde
J'essaierai de ne pas lanterner ni louvoyer et encore moins
soudoyer
Le parler vrai sans « moi je » ni « nous voulons »
pour un vrai collectif
Car il est certain qu'à la situation il faudra apporter
de nombreux correctifs
Je tenterai de débrider la création d'emplois
notamment pour les jeunes
En continuant d'agir au bénéfice du choc de
simplification
de nos institutions
Dépoussiérons et achetons des plumeaux
ça fera tourner le commerce
Mettons de l'huile pour éviter les grincements
et que s'agitent les burettes
Et puis pensons loin, ayons les idées larges mais ni lâches
ni laides
Il faut engager le pays dans une autre voie, le sortir de
l'ornière
Et combler en remplissant nos obligations toutes ces
fondrières
Alors peut être pourrons nous aller cahin-caha
vers un futur plus serein

Mourir à Alep

Oh oui il y en a eu bien d'autres des villes martyres, Dantzig notamment et puis Sarajevo, des snipers et des bombardements en aveugle et des victimes civiles innocentes, oui mais à Alep il y a eu une volonté délibérée d'éradication d'un terreau jugé trop fertile pour la grande rivale de Damas et sa mosquée des omeyyades, un centre névralgique bien plus proche par la culture de Mossoul.
« La blanche » est teintée de tant de sang ! Son plateau de calcaire et marbre charrie tant d'immondices, de détritus et de traces de guerre.
Ce n'est pas seulement une ville de culture et d'histoire, elle n'était pas faite que de souvenirs lointains, elle avait réussi la fusion entre époques hérissée par la citadelle moyenâgeuse où Salah ed din a résidé.
Son souk sans être comparable à celui d'Istanbul bruissait de mille voix et de tant de langues et exhalait tellement d'odeur de l'orient secret aux confins des territoires sous la domination de la haute Mésopotamie et dans le vent des caravanes de la route de la soie, ses caravansérails abritaient les voyageurs et commerçants.
Les voisins qu'ils soient perses, arméniens, turcs ou mongols y ont fait de grands saccages l'abattant plusieurs fois, mais toujours tel le phénix elle renaît de ses cendres, même après le terrible massacre perpétré par Tamerlan après celui d'Ispahan où il fit couper 30 000 têtes (!).
Alep c'était une oasis, large, de prospérité et de vie héritière

de traditions millénaires et si on parle trop de son savon on ne faisait pas assez mousser son architecture : capitale d'une principauté puis d'un sandjak, ou gouvernorat assiégé comme Bagdad par les Mongols qui furent arrêtés en Palestine. Très cosmopolite, très tôt, comme tout lieu de passage, elle était syncrétique et carrefour de rencontre et d'échange, mais cela n'était rien sur l'échiquier géopolitique et tout a été balayé, oh pas d'un coup de dés car il en a fallu du temps et de la haine accumulée pour lui faire rendre gorge et la transformer en champ de ruines fumant et poussiéreux, bruissant des hurlements des blessés. On ne peut dire si Alep est l'endroit où Abraham a trait mais qu'elle est été traite et maltraitée c'est une évidence, sa situation allant de mal en pis. Il a fallu l'abjecte ignominie iranienne et russe et la félonie turque pour épauler un dictateur branlant et chasser de ce repaire certes des brigands salafistes mais aussi expurger quasiment tout ce qui est sunnite, dans des calculs et des intrigues à ressort et à rebondissement.

L'agonie, c'est prolongé sous les coups de boutoir assassins entre barils d'explosifs lâchés d'hélicoptères et tirs de missiles ou de bombes ; terrain d'expérimentation et d'affrontement par forces interposées on a vu un monde occidental assister impuissant car pusillanime aux pires choses. C'est comme si le savon avait aveuglé le monde et fait place au carnage pour une prétendue propreté et conformité, pourtant il n'en est rien. On l'a délibérément foutu en l'air, une fois de plus dans sa si longue histoire.

Népal pas épargné

Des hautes cimes montent les clameurs des secouristes et les râles des morts vivants enfouis sous les décombres.
La haute montagne a tremblé sur ses bases ébranlant tout sur son passage et notamment ce monument que fut et reste au voyage initiatique Katmandou qui tant de fois a allumé dans les regards des évocations de prise de hauteur et de substances psychédéliques.
L'Himalaya tout proche et cet Everest qui culmine ont aussi vibré fortement, heureusement les glaciers d'altitude ne se sont point décrochés car le risque d'engloutissement de larges vallées eut été alors quasi certain tant la masse de neige accumulée aurait pu déferler comme ce fut le cas ailleurs.
On a rarement le nez pâle là-bas et d'ailleurs il faut tout spécialement le protéger sinon il peut allégrement peler, mais pas plus n'eurent-ils le nez creux, car qui aurait pu annoncer le séisme et les dévastations à venir, car la déstabilisation non seulement du manteau neigeux mais de parois de roches ou encore de pans de terre peut faire craindre de nouveaux effets différés mais bien réels qui viendrait encore compliquer la vie dans ces contrées reculées et d'accès difficile.
La tectonique des plaques ne cesse pas, la poussée continue du sous-continent indien qui remonte encore et de ces tensions gigantesques qui activent les failles naissent des sursauts violents et surprenants.

Le réchauffement climatique pourrait aussi par la fonte excessive modifier l'équilibre des forces locales et à moins peser la chape n'endiguerait plus tous les risques, calmés pour un temps.

Rêve et reste seraient tentés de dire aux touristes les autochtones, solides montagnards résistants des pentes et de la raréfaction de l'air qui en faction de sherpas sillonnent la très haute montagne.

Pourtant ce genre d'éternuement qui essouffle et éreinte pourrait faire fuir les plus hardis qui pourraient alors être moins enclins à visiter des contrées encore moins hospitalières.

Océan continuum

Tout ce qui est épars n'est pas espar et prend une part de sa place, de sa juste place et même si on ressasse dans le ressac ce que contient le havresac de l'océan mais on ne peut tout mettre sur un même pied d'égalité car il y a des différences de nature et de quantités aussi pourtant s'il pouvait y avoir une seule vitesse à l'onde tout pourrait être, en surface et en apparence du moins, ballotté mais pas emporté à une même cadence, pace and beat, pulsations et battements, pourtant il y a autre chose de sous-jacent qui sans surnager agit, tapi presque invisible mais bien sensible, ce sont tous ces courants au rôle de transporteurs et de mélangeur qui vont non unifier mais moyenner des compositions non dans une compétition ouverte mais dans une expression des flux qui traduisent les forces agissantes et les différences, les gradients en jeu dans la création du mouvement incessant de va-et-vient, de balancement et de tentative de rééquilibrage.

Ces courants sont des vecteurs puissants qui peuvent de par leur conjonction rassembler et ségréguer par exemple des étendues de plastiques microniques, de planctons aussi et puis par nature les propriétés de l'océan si vaste ne sont jamais égales en tout point, température, salinité, pH et autres variables qui se jouent de nos prédictions dans des effluves de fleuves, dans des larmes de laves sans larves, et l'unisson reste lointain, hypothétique, construction de l'esprit dans des aspirations à un ordre qui ne peut venir puisque seule la différence crée le mouvement et la vie.

Olympia

Du haut du mont Olympe les dieux nous regardent sans fards
Ce n'est pas le bal des impies auquel ils nous ont convoqués
Pour ce faire il aurait fallu bien plus de raison à invoquer
Là-haut Zeus peut bien tonner avec dans son poing, de foudre, le dard
Toute la planète s'est ainsi rassemblée dans le creux des stades
Vont-ils tous acclamer leurs champions et conspuer les autres
Quelle idée d'un combat équilibré
qui verrait tomber sous les huées
Certains quand à d'autres serait attribué avant l'heure le laurier
Intermèdes de fausse paix entre les cités mais combat non feint
Ces belles compétitions athlétiques n'auraient-elles pas un rôle vain
Si l'esprit ne pouvait changer au bénéfice d'une franche solidarité
Des gestes exceptionnels parfois s'accomplissent qui surprennent
Là où l'on ne devrait voir que processus bien naturels loin de la haine
Mais peut-être n'avons-nous pas su correctement

des valeurs hériter
De celles qu'il faut entretenir
et surtout ne pas oublier de transmettre
Au risque de perdre ce vocable auquel certains tiennent
tant, humanité

Pardonner ou part donnée

C'est un don d'une part que cette mansuétude, cette capacité à relativiser sans diviser et à faire abstraction au-delà de l'abjection, il y a des choses qui marquent mais ce n'est pas simple, on peut pardonner mais faut-il oublier, pour sa sérénité ou sa tranquillité peut-être, mais ce qui est offensant et volontaire, qui blesse et qui fait mal, c'est plus que le piquant de la rose, c'est l'inconséquence de celui qui néglige les effets de ses paroles, de ses gestes, de ses actes et qui refuse d'assumer quoi que ce soit au motif que ce serait la manière de recevoir qui serait seule en cause.
Mais non, il n'y a pas que logique d'interprétation derrière ce qui donne à penser et état d'esprit pour conformer des choses qui pourrait signifier le fruit d'un imaginaire fertile ou malade, non il y a même dans les non-dits de la violence qui se cache, du mépris et de l'indifférence.
Un non-respect pour l'homme, un manque d'attention, qui sans être coupable n'est pas forcément pardonnable, parce qu'à ne pas considérer les gens pour ce qu'ils sont dans leurs infirmités, leur sensibilité, cette manière de ne jamais individualiser les relations, on risque forcément de s'attirer des reproches, qu'on ne comprendra pas forcément.

Pas de côté ou excentricité, aller de l'avant différemment

Ne pas suivre les braves gens
qui n'aiment pas que
l'on suive une autre route qu'eux

et pourtant comme le montre Borstin dans les découvreurs, mus par la curiosité, l'inconscience, l'irrévérence, ou l'anticonformisme, combien et heureusement pour eux comme pour nous n'ont pas pris la file et la queue que semblaient leur montrer les précédentes générations !
Il ne s'agit pas de gruger entendons-nous bien, et passer devant en loucedé non mais de voir et comprendre qu'il y a moyen de faire autrement par un autre chemin et de ne pas être de simples continuateurs et répéteurs mais d'innover et d'oser avancer par d'autres chemins et territoires, inconnus, encore à défricher et à déchiffrer.
Pas le désir de se perdre mais de changer d'itinéraire, de varier les plaisirs et de changer d'habitude pour voir ce que ça fait et où cela conduit.
Chasser l'effroi et l'inquiétude et sur des voies malaisées, pas balisées choisir de cheminer différemment et d'assumer avant d'assurer que l'issue existe car l'exploration nous est familière et parfois dans certains repaires les repères manquent car les pères n'y sont pas venus et les fils s'y aventurent.

Le côté transgressif ferait penser au chemin des écoliers ou à la poudre d'escampette pourtant qu'on ne s'y trompe pas il y a dans ce choix, certes délibéré, une dose d'aventure, de besoin de changement de désir d'ailleurs. Alors buissonnier ou pas ce qui importe c'est l'ardeur et la vigueur de la recherche, en plaine ou sur des tertres.

Pour le siècle qui commence au-delà de la modernisation, des modes de vie, ne faudrait-il pas favoriser la multiplication de ces pas de côté pour balayer plus large et devant notre porte, pas les traditions et leurs modalités mais les sujets et leurs contingences ?

Poésie troublante

La poésie reflet d'un état d'esprit et relais d'une pensée
Nous amène à bien décomposer plutôt qu'à assembler
Des éléments du présent et du passé pour annoncer un futur
Des franges, des bribes, des fragments pour qu'ils durent
Un patchwork alambiqué qui lentement nous distille
Sensations en veine et vaine poursuite d'un semblant de fil
Oh oui automatique on pourrait tirer en rafales courtes
Mais ce n'est pas un plat de composition à la façon d'une tourte
La garniture et la décoration sont indissociablement liées
Il ne s'agit pas au bout d'une épreuve de patience de faire plier
Ni de convaincre à toute fin que la raison est de notre côté
Car n'en déplaise aux mesquins il s'agit d'une sorte de mesclun
Mais les fils ne se laissent pas si facilement dissocier
Chevaleresque on nous donnerait du panache à la du Guesclin
Mais à chaque fois que l'on souhaiterait ardemment associer
Quelques grands noms de l'histoire ils ne se laissent pas apprivoiser
Il n'y a donc que rarement matière dans ce domaine à pavoiser

Les mots sont comme les roses semées sur les pavés du parvis
Ils sont souvent faits pour être foulés sans même demander le devis
Néanmoins c'est dans le défoulé que scande le défilé qu'avive
Ce que nous essayons d'aller chercher de l'autre côté de la rive
Même si sont atténuées pour un temps les clameurs du temps
Elles reviendront bien assez tôt quand la litière sera fanée
Cela laissera-t-il pour toujours des gens définitivement contents
Ou bien nous incitera-t-il prestement les murs à raser

C'est le joli printemps athlétique

Le voilà celui après lequel on courait tant
Il ne s'est pas fait attendre dans le calme feutré
Des primes fleurs qui montrent le bout de leur nez
Après les giboulées qui ne nous ont pas épargnés
Voici venu enfin le temps des combattants

Les préparations hivernales ont abouti
Le foncier va céder le pas à plus de spécifique
Cela n'aura bien sûr absolument rien d'horrifique
Pour couronner plus tard les stades honorifiques
Place à la douce chaleur qui les cœurs ravit

Il va falloir affiner non les tailles mais les gestes
Dans des répétitions peut être carabinées
Car face aux efforts il ne faut pas se débiner
Mais bien au contraire savoir se débrider
Et peut-être enfin montrer qu'il y a de beaux restes

Oyez, Oyez bonnes gens et voyez ces preux
Les chevaliers de la piste qui entrent en lice
Prenant leur élan pour la joute à venir
Espérant aussi la longueur tenir
Et bien gonflés, face aux obstacles pas peureux
Alors si de l'humour on en trouve plus qu'un zeste
C'est parce qu'au-delà de la couleur de la veste
Que le poison au dos affiche en grand
Ce qui fait courir ce n'est plus la peur de la peste

Séchez vos larmes comme le tartan qui se répand
Appelez aux armes les plus nobles
Courage, patience et puis confiance
Attendez le moment propice pour placer l'attaque

Que l'attente soit pour tous détente
Personne au piquet sous la tente
Quelques enjambées dans la verdure
Et puis en avant esquive et puis fente

Que diraient ceux de Verdun !

On sait presque tous que Verdun c'est le grand dénominateur commun de l'armée française, qui n'y est pas passé de ceux qui étaient au front, à part ceux d'Afrique et d'Orient.
C'est la lessiveuse et la caisse de résonance, c'est la forteresse mal défendue et dégarnie par l'état-major, c'est le point faible, la confluence et puis aussi le redent, un glacis qui se projette.
Une cohorte de forts presque désarmés au début et livrés sinon facilement du moins malencontreusement aux assauts de Sturm-truppen.
C'est le pilonnage incessant du paysage aussi et la preuve éclatante de la supériorité des canons de gros calibres de l'armée impériale, le commandement du Kron-prinz aussi. Et puis c'est la voie non pas royale mais sacrée avec ce cortège infini et permanent qui vient alimenter en vivres et en munitions la place forte qui restera inviolée mais au prix de quels sacrifices, de part et d'autre.
Il n'y a pas de vainqueurs ou de vaincus mais des hommes laminés dans un enfer de boue, qui ne tenaient plus debout au bout de quelques jours, même si les tranchées allemandes étaient bétonnées et avec des caillebotis.
Il y a des sabreurs impénitents des deux côtés, nous avons Nivelle et Mangin ils ont von Falkenhayn et surtout Ludendorf âme damnée de Hindenburg.
Verdun comme l'écrit si bien pierre Miquel dans son

inoubliable « Mourir à Verdun » suivi d'un film du même tonneau et depuis de nouvelles sorties colorisées de l'ECPA c'est la preuve d'une manipulation qui reste incroyable.

On a projeté comme mitraille l'une contre l'autre des armées formées surtout de paysans (les états étaient encore assez peu industrialisés, et pour l'empire c'est un composite d'État qui donnera les länder) même si la fine fleur de notre élite y a laissé sa part (la maladie tua beaucoup aussi en l'absence d'antibiotiques).

Marie Curie monte-t-elle au front avec ses voiturettes pour radiographier les thorax et faciliter les diagnostics ?

Les poumons sont dévastés depuis la fin de la course à la mer par l'emploi de gaz (chlore, moutarde, ypérite) qui aveuglent (même le caporal Adolf Hitler, estafette) qui tirés par des obusiers sèment la panique dans les rangs ennemis (ce qui vaudra à fritz Haber le prix Nobel de chimie peu d'années après, mais Alfred Nobel a bien fait fortune dans les explosifs non avec la nitroglycérine et la dynamite, courrier retour de bâton !).

Le quotidien c'est le pilonnage (le marmitage dirait un ami proche) des positions et puis tous ces forts, le mort homme, la cote 304, des noms et des positions où quelles que soient les dispositions de la soldatesque il faut avancer et tenir coup sur coup.

Prises, reprises avec cet amoncellement de cadavres et d'abord dans les grandes cuvettes où les explosions de gros calibres creusent des puits embourbés dont ne sort pas la vérité.

De Gaulle y est blessé deux fois puis fait prisonnier et terminera la guerre, sa guerre, en hôpital puis en Oflag, ce qui donnera plus de poids encore à son esprit de revanche indomptable.

Verdun c'est avec Metz et Toul, historiquement, ces trois évêchés clés pour Louis 14 et fortifiés par Vauban.

Verdun n'est pas Sedan et ne le sera jamais après !

Pétain n'est pas Bazaine et n'a pas sa bedaine, comme tout Philippe qui se respecte-il aime les chevaux et tout particulièrement un petit blanc venu du haras de Tarbes.

Pourtant depuis le GQG l'état-major lui aussi pilonne le font de notes et puis également d'instructions parfois contradictoires.

Le pouvoir civil a du mal à s'imposer mais les visites de parlementaire puis du père la victoire, bien rappelées dans le bel ouvrage consacré à Clémenceau par Jean-Noël Jeanneney montre comment le cabinet de guerre tourne la page devant certaines impérities, mais surtout des hécatombes inutiles, une vision morbide et consommatrice des forces.

Les Allemands ont cru surprendre mais il y avait des avant-gardes qui ont freiné l'avancée et prévenu, ne permettant pas d'anticiper ni de refouler la percée monumentale et si bien soutenue, l'orage d'acier d'Ernst Jünger n'est pas une vue de l'esprit mais une restitution du vécu sur le front.

La citadelle va subir l'incessant bombardement si dévastateur, qu'on songe à Reims et puis Amiens, Verdun ce ne sont pas que les fortifications de serre de rivière, entreprises après la défaite infamante de 70, les casemates, les caves et les abris sous terrains.

Les camions et le train logistique par lesquels l'intendance va soutenir le siège qui fut si long et douloureux, synonymes de privations, est la clé de la bataille, une succession d'engagement sans fin et d'avancées et reculades un bal des morts convoqués dans une sarabande sanglante. Les corps pourrissent dans les fossés, ou s'infectent dans les tranchées, les rats sont des compagnons de nuit, les oiseaux se nourrissent des charognes, hommes comme animaux et sans cesse le vol sinistre des corbeaux signale aux haruspices les penchants ténébreux.

Voilà Verdun c'est un mouroir permanent, où les vivants attendent la mort, la peur au ventre et la chiasse au fond du froc, mal équipés de vêtements non imperméables, vive le barbour anglais en toile enduite !

Les barouds d'honneur se succèdent à eux-mêmes mais dans cette conflagration gigantesque où l'on soutient le moral à coups de pinard et de gnole (avant la CIA et le LSD au Vietnam) il est patent que les haut gradés sont bien loin des lieux de combat et malgré les bonnes communications (développées par le général polytechnicien Gustave Ferrié au pied de la tour Eiffel) les ordres ne sont pas toujours avisés (même nocturnes car les hommes n'ont pas des yeux de chouettes).

Le père de mon beau-père fut officier des transmissions durant la campagne, battant celle-ci ou ce qu'il en restait, devant des squelettes décharnés d'arbres et d'hommes mêlés, fait d'un bois peu commun pour tendre des lignes et suivre des consignes sous le feu nourri des tireurs d'élites (si bien illustré par une fiction romanesque canadienne sur un éclaireur amérindien).

Verdun c'est plus qu'on en dit, c'est moins que ce qu'on en voit encore, c'est l'horreur absolue d'un acharnement logique le « ils ne passeront pas » valant bien le « no pasaran » et puis le tombeau sans sépulture de la terre éclatée, dispersée ou fleurissent les pétales des souvenirs pour soutenir la mémoire, qui bleuet, qui coquelicots plus haut vers la Somme.

Que diraient-ils ceux qui se sont sacrifiés par pur patriotisme parfois (il y a autisme dedans) et dont on n'a jamais retrouvé le corps et donné aux familles une sépulture où se recueillir et faire son travail de deuil ?

Allant jusqu'à retarder l'attribution des pensions de guerre mais pas le moment d'élever des monuments aux morts ; mort pour la France sauf pour les fusillés, battus et abattus par des chefs voulant faire des exemples au nom de la défection ou de la prétendue trahison devant l'ennemi se sont faits les hérauts de punitions immondes.

Que diraient ces voisins et camarade pas de chambrée mais de paille et de boue, d'humidité permanente et de rata souvent froid, des auteurs célèbres qui ont essayé de restituer toute la bestialité et la cruauté des combats ?

Qu'ils y sont restés les pieds dans la glèbe et largement enfoncés eux les fils de la plèbe pour la plupart, statistiquement du moins !

Que diraient ces hommes simples, époux et père qui reverront plus vite grâce à Pétain et au tourniquet leurs familles pour les plus chanceux, les valides, les blessés restant dans les hôpitaux de campagne puis les centres de soin ou de rééducation.
Qu'ils ont mené la vie de château chapardant quelques bonnes bouteilles ou volailles comme les chevau-légers du roi allaient dans les campagnes pour nourrir leurs chevaux ! Que diraient ces vaillants successeurs des grenadiers de la garde ?
Qu'ils ont gardé le contact au travers des milliards de lettres et de cartes ou colis qui se sont échangés avec le pays profond, qu'ils ont eu du réconfort et de la reconnaissance et que cela a adouci les instants pénibles pour ne pas dire insupportables !

Rupture, le signe de quoi

Il faut se rendre à l'évidence, il n'est pas toujours possible de masquer bien longtemps les faits quant aux causes et aux conséquences - dans une séquence temporelle parfois bien troublée par trop de commentaires et de supputations de ceux qui ne savent rien mais disent tout, tout haut sans qu'on ne leur ait rien demandé – elles nous restent souvent obscures car elles ne sont pas publiques et échappent à nos tentatives d'en percer un quelconque secret.

La rupture comme une fin... mais aussi un nouveau commencement, la rupture comme l'endommagement définitif d'un état relationnel avec une dynamique et des allures qui lui sont propres. Un phénomène qui trahit que des jeux de force désagrègent un ensemble et le désolidarise au point de rompre son équilibre et son intégrité.

Les tensions à l'œuvre et les conditions ou circonstances qui circonscrivent sa survenue amènent alors à une partition de fait où chacun part de son côté emmenant ce qu'il peut dans cet événement douloureux qui laisse souvent des traces, un faciès de rupture mais aussi un allongement dû à une certaine ductilité qui marque bien la distension des liens, quand la distanciation n'est pas suffisante, l'engagement encore trop fort.

Alors graduel ou bien brutal le résultat est le même mais quand les torons s'effilochent et que la section diminue donc et qu'un allongement non de la relation mais de l'ensemble sous tension se produit, on parle aussi de striction, cela peut être sous l'effet de frictions mais surtout parce que le matériau lien ne peut garder les mêmes dimensions.

En général ce phénomène cumulatif va en s'amplifiant et l'affinement de la section atteint une limite, de plasticité, au-delà de laquelle la rupture franche est consommée.

Mais il y a des ruptures plus brutales, dites fragiles, qui supposent un endommagement de la tenue du lien dès le départ sous l'action d'un environnement et de contraintes diverses qui peuvent avoir fragilisé la tenue et amènent alors, sans retard ni tergiversation, à une césure tout aussi définitive mais anticipée.

Si près du gouffre

Le poète Hölderlin peut bien écrire que « plus on se rapproche de l'abîme et plus on se retient d'y tomber » on se dit que « tant va la cruche à l'eau qu'elle se casse » !
Les profondeurs abyssales que j'évoque ici ce sont les habits sales que revêtent les relations de pays qui voisins ne parlent plus le même langage, or celui de la violence et des armes.
Les tentations sont grandes alors, de part et d'autre, de garder ce cap d'incommunicabilité, mais si aucun ne fait le moindre pas vers l'autre il y a peu de chance que la situation ne s'améliore d'elle-même par une sorte d'heureux dénouement.
Il faut alors le dévouement pour mettre fin au dévoiement qui préfigure la sortie de route et la déroute de la pensée.
Depuis la Révolution Orange jamais la Russie n'a instillé un vrai zeste de démocratie maintenant encore et toujours sous pression des voisins si pressés de s'émanciper d'une longue tutelle tutélaire et leur rappelant à l'occasion sa puissance et sa capacité de leur nuire, aux seules fins de protéger ses intérêts dans ce que d'aucuns appellent la frontière épaisse, une sorte de glacis donc qui l'isole d'un bloc occidental avec qui elle voudrait parler d'égal à égal.
Maidan a fait resurgir de vieux démons, entre manœuvres de déstabilisation possibles de la CIA et souvenirs cruels de l'enrôlement des milices ukrainiennes dans les armées hitlériennes et dans le cadre des camps, il y a une histoire

qui ne passe pas et laisse des souvenirs si amers en bouche que l'orange est bien près du citron.

Les Russes ne sont pas pressés ; ont-ils un vrai plan ? En tout cas ils ont des armes et jouent une sacrée partie de bras de fer, sans le rideau, mais avec une situation proche de la guerre froide qui étendit sa chape de plomb durant près de 50 ans.

Contre toute évidence ils nient farouchement et continuent de nier leur implication militaire dans le Donbass alors que des soldats russes meurent chaque jour là-bas et que des matériels militaires y transitent sans contrôle.

Le conflit se maintient et s'étend temps que personne ne s'entend autour d'une table ou ne se parle et ne s'écoute pour s'entendre enfin !

Alors oui cet État russe miné par la corruption et la concussion au plus haut niveau, mène des guerres sans fin depuis longtemps, de Putin qui menaçait les Tchétchènes d'aller les buter « jusque dans les chiottes » à coups de missiles en suivant les portables, ce qu'il fit avec le président Djokar Doudaev pas assez docile (pas un joker, mais il fallait le faire filer doux) et en pourchassant les troupes fanatisées de « l'émir » Chamil Bassaev, pas si manchot que ça malgré tout avec son costume « genuine » de Cosaque qui a un don certain pour énerver le Tsar du Kremlin moscovite.

L'intervention éclair en 2008 des Russes en Ossétie du sud et en Abkhazie a amplement démontré l'inanité des gesticulations occidentales qui s'est ensuite empressée de vendre des navires amiraux à la Russie, car les affaires n'ont pas d'âme ni de frontières !

Enfin sur le grand territoire de cette Ukraine de nouveau indépendante depuis 1991 (annexée en 1793) au nationalisme vibrant mais largement russophone et russifiée dans sa partie orientale et orientable par les émissaires de Moscou, on voit les casse-cou qui s'affirment et roulent des biscoteaux.

Une incompréhension dès le départ sur des intentions mal formulées et des limites mal posées a fait craindre à Moscou d'avoir son flanc sud en contact direct avec l'Otanie, là où il cherchait une entente économique avec son alliance eurasiatique.

De Gaule qui lui avait planté les piquets en parlant d'Europe de l'atlantique à l'Oural, tout en sortant du commandement intégré, mais pas de l'organisation, imaginait plutôt une extension vers l'Est des valeurs démocratiques.

Tout est à refaire dans ces contrées où tant de fois les frontières varièrent dans le passé et où nulle barrière même naturelle n'a jamais empêché un envahisseur velléitaire de se mouvoir.

Oui c'est une grande responsabilité que de ne pas accepter un nouveau Munich et de tenir à distance des parties prêtes à se radicaliser.

Le chemin est étroit et de part et d'autre court le précipice mais il faut avancer, pas sans peur mais avec la volonté de trouver un statu quo qui ne sera pas ante, ni hanté par la peur de perdre la face devant des opinions publiques, car for l'honneur tout est perdu et rien ne vaut la paix !

Souffrance tu n'es pas mon ennemie

Tout débute par cette phrase, ni lapidaire ni définitive mais qui rejoins les rives de l'humanité dans sa faiblesse, sa frayeur et sa lucidité mêlées.

« mieux vaut la souffrance qui a un sens
que le bonheur qui n'en a pas »

Oui je sais que j'ai vécu parce que j'ai souffert… aussi, j'ai compris que tout n'était pas possible, mes limites me sont apparues… progressivement, mes frustrations et mes peurs se sont réveillées, mais m'ont rendu plus humain et plus proche des autres dans cette capacité à l'empathie large et au partage.

Mais cette dureté endurée, indurée dans ma peau m'a maturé et travaillé à vif, et dans les plaies et bosses où j'ai frotté mon crâne il y avait cette expérience du monde qui change le regard, parfois avec retard, souvent avec succès.

Car il y a bien à retirer, même du pire, oh pas des convictions absolues mais un pouvoir de relativiser les choses et leur portée.

Oui ainsi voilà qu'en long kaléidoscope défilent des pages et des images, cornées certes, mais aussi parcourues en tous sens.

La béatitude n'est pas pour moi, l'autodestruction non plus, je suis positif et veux faire œuvre pour le collectif dans la perspective de transmettre, mais l'ascèse et la mise à l'épreuve impriment plus sûrement dans les chairs et les cerveaux, les leçons de la vie.

Vivre sans idéal, sans utopie à construire, c'est trahir sa nature et se condamner à végéter, l'œil glauque et semi-ouvert, combattre des idées néfastes, rechercher le contact, prendre des coups pour avancer, sans trahir ses idées ni convictions bien ancrées, voilà qui fait de l'homme non une bête de curiosité mais un centre... d'intérêt.

Suprématiste ou suprémaciste

Voilà que cette question me turlupine avec insistance et pas seulement à cause de l'actualité brûlante et du massacre intervenu dans une église noire aux États-Unis.

Suprême, ça rappelle l'être du même nom ou encore des charcuteries bien de chez nous, mais Maciste n'était qu'un héros de péplum survitaminé et body-buildé au torse massif !

Alors les deux orthographes sont-elles permises comme j'ai cru le lire dans certains journaux ou bien y a-t-il une différence plus fondamentale ?

Il faut rétablir la vérité et surtout sans se payer trop de mots établir les définitions qui séparent clairement les deux adjectifs qui découlent de substantifs qui sont notionnels et attachés à deux domaines totalement différents et qui n'ont strictement rien à voir.

Pour le premier dérivé de suprématisme il n'y a pas de relation avec les rhumatismes si ce n'est que les humeurs qui coulent sont celles des peintres de cette école de pensée dont l'histoire de l'art nous dit qu'elle fut fondée par Kazimir Malevitch.

Un courant qui participe au mouvement plus large de l'Avant-garde russe en nous plongeant dans une abstraction absolue. C'est une peinture libérée de toute représentation. Dans une recherche de sensibilité picturale pure, la couleur n'est travaillée que pour elle-même.

L'emblème le plus représentatif de ce mouvement est sans

doute le fameux carré blanc sur fond blanc de Malevitch. Il tente de donner à la peinture une autonomie, tant spirituelle que sensible, par rapport au monde et à la réalité extérieure.

Il y a une volonté de vivre la peinture pour ce qu'elle est et rien d'autre. En adaptant la philosophie nihiliste russe à l'art il rejette la peinture qui existant jusqu'alors et entame une recherche à partir de rien, comme si l'art n'avait jamais existé.

Il veut faire une peinture qui ne soit que pure sensation, pure sensibilité picturale. C'est dans cet esprit de recherche de pureté en tant que telle, qu'il la dépouille de tout ce qui n'est pas son essence même, afin de pouvoir exprimer et ressentir ce qu'elle est pleinement.

Pour le second dérivé de suprémacisme et souvent suivi de l'adjectif blanc, ce n'est pas le carré blanc qui est convoqué mais l'humeur noire !

Le suprémacisme blanc (ou suprématie blanche) est la croyance, et l'essence de la croyance, fondée sur l'idée de la supériorité des blancs par rapport aux autres races d'humains.

Le terme, souvent spécifiquement, est utilisé pour décrire une idéologie politique interprétant la domination sociale et politique par les blancs. La suprématie blanche, parmi le suprémacisme en général, est enracinée dans l'ethnocentrisme et un désir d'hégémonie, et a fréquemment conduit à des violences contre les individus d'une race autre que blanche.

Les groupes de suprématie blanche peuvent être perçus dans la plupart des pays et régions dont la population blanche est significative, incluant Amérique du Nord, Europe, Russie, Australie, Nouvelle-Zélande, Afrique du Sud et Amérique latine.

De nos jours, certains pays européens possèdent des lois interdisant les discours de haine, ainsi que d'autres lois qui bannissent ou restreignent ce type d'organisations.

Dans les deux cas on utilise la lumière et on prétend la faire pourtant il y en a une qui éclaire les couleurs de la diversité et l'autre qui est si binaire qu'elle en est primaire pour ne pas dire primitive et surtout punitive.

Dans un cas l'abstraction domine et dans l'autre c'est la soustraction, violent et par voie de fait. L'une et ouverture et recherche accueillante, l'autre fermeture, pas éclair et enfermement idéologique.

Pourtant la recherche de pureté les rapproche, dans le principe seulement. L'une étant incluante et l'autre excluante.

Dans un cas le courant passe, dans l'autre il ne passe pas ; le fil conducteur n'est pas de même nature et l'effet diode joue à plein pour des redresseurs de torts patentés, mais presque.

L'une est avant-gardiste, l'autre plutôt d'arrière-garde et même de salle de garde à vue.

Rien n'interdit les confrontations, dans un cas la rupture et l'enrichissement d'une exploration insoupçonnée, dans l'autre la répétition des mêmes schémas de pensée avilissant d'ailleurs réprouvés et poursuivis par la loi.

D'un côté un art du rien libéré et serein et de l'autre une culture du tout... pour soi, et la négation de ceux qui sont différents, avec le rejet et la violence en prime.

Un géant de la non-violence s'éteint

Il avait un nom emprunté au propriétaire de ses ancêtres esclaves
Mais il était fait d'une bien autre argile de celle des hommes d'exception
Il fut un novateur et d'abord très jeune fut couronné
Puisque c'est dès Rome que ses exploits résonnèrent au capitole
Dans la cité aux sept collines il avait été sacré champion olympique
Amateur il ne l'était pas resté et était rapidement passé professionnel
Car pro il l'était et même jusqu'au bout des gants mais avec ce zeste de provocation
La lutte était chaude et pas que sur les rings où d'ailleurs beaucoup de noir
S'affrontaient et il avait obtenu le saint Graal d'une ceinture mondiale au bout de 4 ans
Sonny liston en fit les frais face au fiston dont le fist était on, son jab imbattable
Mais sa carrière fut stoppée net, avec sa conversion et son changement de patronyme
Il avait symboliquement pris le nom du prophète et la défense de causes sensibles
Avec Louis Farrakhan et Malcolm X, de nation of islam il allait être une nouvelle icône

De la lutte pour les droits civiques quand Luther King
marchait à Selma
Mais surtout contre l'escalade d'une guerre qui envoyait
toujours plus de jeunes hommes se faire tuer au Vietnam
Insoumis, il refusa d'y aller au nom d'un idéal de paix dans
la pureté de sa foi
Amnistié, il sut revenir au meilleur niveau même si son
palmarès amputé de ses plus belles années y perdit
Bien sûr on a souvent gardé l'image d'un homme
gouailleur et qui défiait avant l'heure ses adversaires
Le combat de Kinshasa sous l'égide d'un célèbre
organisateur fut une grand-messe mondiale télévisée
Et puis d'autres champions arrivèrent plus frais et surtout
plus jeunes
Prêt à tuer le modèle et à abattre la statue du
commandeur de son piédestal
Fier et farouche, il résista, un certain temps du moins
avant de finir par raccrocher les gants
Il avait touché la grâce, tutoyé le ciel de la notoriété mais
aussi le sol des rings
Il en avait touché l'or, vivant dans une certaine aisance
malgré toutes les pensions alimentaires
Réunissant sa nombreuse progéniture et pas que pour des
photos souvenirs
Il a été un père, un frère, un ami dévoué et fidèle mais
voilà que le mal s'y est mis
Lui à la précision métronomique et dont les gestes étaient
une vraie danse guerrière

Voilà que les tremblements ont anticipé la stupeur de le voir ainsi diminué
Le fils prodigue de ses efforts, de sa volonté inébranlable, des déclarations à l'emporte-pièce
S'est retrouvé amputé de la maîtrise des mouvements, le chorégraphe déchu
Parkinson le glas, hors des galas mais toujours élégamment, pas une affaire de ligaments
Il a lutté pendant trente ans, pas pédant, mais souriant se prêtant aux bonnes causes
Une de ses filles avait pris la relève gant aux poings pour faire plus que de marquer des points
Ali s'en est allé sur les allées de la gloire et va retrouver sa ville natale
Qu'en fait du cœur et de l'esprit il n'avait jamais quitté
Lui qui s'est acquitté du mieux qu'il a pu de ses devoirs d'homme intègre
Fidèle à ce que lui dictait sa conscience non violente
Un tigre virevoltant sur les rings, rarement acculé dans les cordes
Il a finalement rendu les armes et un coup de gong définitif résonne dans nos têtes
Avec ce kaléidoscope d'images surfaites et commentées, un beau film hagiographique en prime

Un symbole fort de l'extrémisme

D'Oslo est venue la nouvelle refroidissante
De ce que peut faire un radicalisme désuet
Un grand retour en arrière et sans limites
Un homme a voulu donner un exemple
C'est le plus terrible qui soit entre nous
Un massacre de masse qui nous assomme
Planifié de longue date avec un tel sang froid
Ça nous glace et ça nous fait froid dans le dos
La voie du nord, Norway, et cette folle voix
Qui décide de saccager et de prendre des vies
Dans un petit pays très pacifiques et olympiques
Où les extrêmes semblaient pourtant marginaux
Voilà que cet éclat de sang nous atteint à la face
Nous sommes pris comme dans une grande nasse
Il va falloir s'en remettre et conjurer l'abject sort
Ce n'est pas l'image du pays qui est écornée
Mais sa manière de traiter tout avec sérénité
Depuis Narvik et la guerre du fer avaient-ils connu
De telles sauvageries eux qui s'étaient enrichis
Grâce au pétrole et au gaz dont la riche rente
Leur a donné un niveau de vie et un futur sécurisé
Il ne suffisait pas d'avoir un grand et beau territoire
Et aussi de ne pas avoir de grandes histoires
Ils entraient aussi dans le cosmopolitisme
Une des leurs venait de candidater aux plus hautes
fonctions

Et leur religion d'état ne les protégeait pas de tout
Fiers vikings ils avaient ravagé dans le passé les côtes anglaises
Et voici que c'est de leur sein que sortait le serpent
Qui venait de piquer au cœur cette nation

> « Une des tâches les plus difficiles données à l'homme est de renoncer à lui-même, au désir de se mettre en avant, à vouloir que le monde corresponde à l'idée qu'il s'en fait »
>
> *Karlfried Gral Dürkheim*

Vaste est le monde et innombrables sont les désirs !

Dans une culture qui au regard de la nature est entropique et surtout à une propension au démesuré, au déséquilibré, aux excès sans harmonie, les hédonistes de tout poil dévident leurs mantras ; « se faire plaisir et jouir sans entraves, transformer le monde et le mettre à sa pseudo-image, agir sur l'environnement et le reste, le climat notamment ».

Pourtant cette quête d'une conquête omniprésente et pesante de cet omni, ovni qui veut avoir barre sur tout, comporte plus que des inconvénients, de graves conséquences et des menaces avérées.

D'abord pour les autres espèces avec qui nous partageons cet espace contraint aux ressources finies, ensuite pour nous-même qui nous développons trop vite, au point de devoir faire face aux limites que nous avons érigées malgré l'imagination, le progrès et la fougue créatrice.

Alors quand vient l'heure du grand choix et qu'il faut en conscience exercer celui-ci, il y a fort à parier que c'est plus sur une paralysie que l'on débouche car il y a tant d'intérêts supérieurs individuels en jeu, les ploutocrates d'abord qui gouvernent le monde en sous-main, et puis les multinationales et enfin des gouvernements aux intérêts divergents.

Trouver l'intérêt supérieur non de l'humanité mais de la terre, de la biosphère n'est pas facile et un chemin où beaucoup se sont cassé les dents, mais il faut avancer, annoncer et surtout renoncer à beaucoup de choses avant cela.

On peut trouver un écho à cette analyse dans un récent article du Figaro consacré à la pensée d'Alexandre Soljenitsyne sur la fin de sa vie et son rigorisme vieux russe quand il prêchait la tempérance et l'absence d'excès et d'abus pour ne pas convoquer l'hubris, et qu'il souhaitait un juste milieu entre raison et passion, hédonisme et sacrifice.

Ne pourrait-on également voir dans la condamnation proposée par Pétain de l'esprit de jouissance sans doute liée à 36 et la mauvaise image donnée pour certains par l'émancipation des foules et aux congés payés comme si le travail était la seule raison de vivre.

Une page blanche, un trait noir, plus d'espoir

Oh pas de grand soir, mais par un jour éclatant de soleil quand repu de sommeil une annonce fait vaciller, sous la forme d'un message rituel ni laconique ni emphatique, simple, droit et clair ; le départ d'un ami, un visage familier, une douleur sourde qui monte et des souvenirs variés.

C'est tristesse comme souvent en pareil cas qui raye le pavé mosaïque car ce n'est pas seulement un départ de plus ; chacun est unique et chaque personne aura laissé dans le sillage de sa personnalité, souvent alitée dans la fin de sa vie, si c'est l'âge et ses tourments qui l'emportent, des traces diverses selon les affinités, les circonstances.

Sans parler de naufrage ni même de déchéance, ces échéances ultimes qui convoquent le ban et l'arrière-ban sur des bancs de recueillement pour exalter la vie d'un compagnon de travail qui n'a pas ménagé sa peine.

Vagues migratoires pas prêtes de s'arrêter

Méditerranée n'est pas seulement surannée mais aussi Braudélienne qui a souvent été le nœud d'obscures intrigues mais aussi le lieu des échanges enrichissants, tu es maintenant au cœur du drame qui n'a pas la couleur du drachme mais a hérité des malheurs de l'Érythrée et d'ailleurs qui fait que le Soudan dessoude des liens de longue date.

D'ailleurs il suffit pour s'en convaincre de voir que tous les tourments qui s'agitent sur tes bords viennent de loin et aussi de l'intérieur des terres, mer intérieure qui soumet au cyclone des populations chassées, des gemmes plus enchâssées, des peuplades pillées qui fuient en secret, en sachets mais pas sans amulettes, l'espoir secret au cœur d'aborder à bon port et d'abonder vers les forts sans abandonner sa culture.

Ces fuites qu'on ne saurait colmater des instabilités et autres misères qui ont fait refluer vers l'Europe envisagée comme salvatrice des Salva Kir et autres chanoines montrent la détermination et aussi la recherche du salut ; pourtant ces pauvres hères ne sont pas à l'abri des passeurs/chasseurs de primes qui profitent de ceux qui opprimés cherchent désespérément à rebondir ailleurs, y engloutissent des fortunes, souvent les économies d'une vie, au risque d'y laisser la peau.

On oublie que dans le passé des populations persécutées mais pas que perses ont pu bénéficier parfois de soutien comme le raconte le roman de l'entre-deux-guerres « Les 40 jours du Musa Dagh » de Franz Werfel des bateaux français permirent à des Arméniens acculés dans les montagnes de la chaîne du Taurus de fuir l'extermination ottomane en cours (aidée par des milices kurdes).

Mais ce fut assez rare et les candidats au départ, forcés et contraintes par leur situation pullulent maintenant sur les rivages de la Cyrénaïque entourés de tribus hostiles ou instables, rançonnés et s'entassent, parfois à fond de cale sur de vieux rafiots ou d'autres embarcations de fortunes surchargées qui peinent à leur garantir l'arrivée à destination sains et saufs vers la terre de liberté promise ou rêvée.

Ce qui les attend n'est pas idyllique ni même lyrique et encore moins lyrique, au-delà des modestes reliques emportées du passé il y a cette précarité, pour les plus chanceux d'entre eux, les autres ayant été engloutis par les flots, entre Charybde et Scylla, pris dans la démesure d'une entreprise de la dernière chance.

Quels remèdes apporter à une telle situation qui n'a pas fini de perdurer et comment s'organiser, alors que l'émigration climatique commence à peine et vient se surajouter depuis l'est africain aussi bien sanitaire que de famine à celle dont nous parlons, liée à la pauvreté et aux régimes politiques ?

Regarder la vérité en face ne peut qu'effrayer mais n'est-il pas temps d'assumer nos responsabilités, celles de colonisateurs ayant fait perdurer des liens de subordination économique sans donner de véritables moyens de développement et d'autonomie ; comprendre et intégrer que les flux migratoires continus et leur solde net ne peuvent qu'aller du sud vers le nord et comprendre qu'il n'y aura d'autre salut que dans le partage et la fraternité, l'accueil et l'hospitalité.

Au pied du mur sont nos dirigeants qui par aveuglement, lâcheté et déni font semblant de découvrir l'étendue d'un désastre humanitaire sans nom mais ont laissé bien seuls les pays aux avant-postes sur ces nouvelles routes de l'exil ce qui n'est ni un danger ni une menace mais une réalité incontournable.

Interroger l'écriture, pas un art divinatoire

Propitiatoire, probatoire, expiatoire
mais aussi jubilatoire !

On lit bien dans le marc de café (seulement quand on en a marre de faire autrement) !
On essaie bien toutes sortes d'expériences qui vous mettent dans un état second (n'est-ce pas, Michel Leiris ?).
On a bien des choses à se faire pardonner, à soi-même et ce n'est pas si facile.
On peut en retirer un plaisir immense sans parler de jouissance dans ce « jus liber » le droit du livre.
L'écriture c'est ce qui dure avec le support encore fragile mais solide qui tient lieu de substratum et de base pour inscrire et marquer, tracer et graver les artères de notre pensée et insuffler vie à nos histoires, donner matière et énergie à des contes sans acomptes où on est parfois payé comptant et de généreuse manière.
Que la veine saigne d'abondance et on entame un pas de danse qui n'a rien de carnavalesque ni de grand-guignolesque mais peut constituer un élément de parement de la fresque.
Quel événement est susceptible de nous faire rentrer en nous le plus intensément et profondément, dans un désir insensé d'oser plonger notre regard dans l'inexprimé ?
Commencer une lecture c'est partir de l'écriture, cet acte créateur du créatif dans le Crêt actif où des anticlinaux

s'inclinent de haut pour animer les méandres et recoins de la pensée secrète et divagante.

C'est espérer déchiffrer (pas comme Franchet affranchi des tranchées) vers l'orient complexe l'eau riante des phrases qui coulent cristallines.

Reconnaître des signes qui vous parlent et déploient leurs ailes sur votre vie comme une ombre putative qui revisite mémoire et souvenirs pour soutenir une quête.

On ne lit pas entre les lignes si facilement en croyant combler blancs et silences d'une fruste manière là où est singulière la partie qui semble manquer.

On éclaire à grand-peine son visage des lueurs de la scène qui pourrait bien délivrer, non du mal, mais un certain signal accroché au modeste fanal bien souvent oscillant et bancal des lettres inclinées pas encore couchées sur la page/paille en guise de pagaille.

Il faut y aller sur les ramettes et ramer dans le marigot qui vous dit go malgré le bleu indigo qui pourrait couvrir la feuille en recueil d'impressions qui se cherchent et se touchent.

Non, rien n'est aisé de cette conquête à peine esquissée qui loin d'être exquise, repousse nos assauts dans le grand vide catadioptrique où s'égarent les aveugles.

Pourtant il est des croyances superbes qui confinent le verbe là où la réverbération applaudit à tout rompre, sauf les amarres qui vous tiennent à quai.

Ce bateau en partance n'est pas un seul sujet dont l'objet qui fustige tombe à l'eau, nul n'embarque pour Cythère au son des cithares pas plus que vers citerne pour s'emplir de vers si ternes, mais c'est dans le cocon de la phrase que s'enroulent les fils de l'intrigue qui conduit au ponant.

Je vis intensément ce que je comprends et assemble et c'est ainsi ensemble que nous devisons de concert, tôt ou pas, pour allier partition et rythme dans cette musique des essentiels qui nous importent pour nous conduire bien haut.

L'acmé est un lac pas amer dont seul le barrage sur mes lèvres reste pacifique tandis que roulent en vagues rauques des tréfonds de mon cœur, alimentés par la faune de mes tripes les sortilèges qu'il convient de dénouer.

Point de nœuds gordien ni de victoire facile sur le texte qui atteste que la tête se bûche et que l'arbre se fend, d'une grande et belle révérence de sa cime assassine.

Voudrais-je élargir mon propos, donner de la profondeur aux situations, de la grandeur aux panoramas ?

Il me manquera toujours l'inaccessible, l'immarcescible, le fongible.

Si tout n'est pas que détail diabolique et tuant, c'est suant de ne croire qu'aux gros ressorts si raides qu'ils n'autorisent que peu de mouvements et réduisent les degrés de liberté qui devraient être maximums.

L'imagination au pouvoir qui conduit et ne réduit pas, les corps et les cœurs mais articule les chœurs pour en tirer la polyphonie enchanteresse qui ne fascine qu'une fois mais stimule toujours et redonne à chaque adresse une force nouvelle pour aller de l'avant.

Art comme arc qui sur la corde sensible et au fil de la lecture qui s'écoule comme l'eau confère au lecteur non pas une aiguille de conifère pour faire un brin de conduite ou de lecture, car vous n'êtes plus accompagnés mais bien lâches dans le grand cirque des mots.
Ils vous ensorcellent mais de ce scellement naît-il seulement une possible certitude d'avoir touché un Graal quelconque quand c'est le râle qui vous morfond dans la chaleur des situations et l'enfer des bonnes intentions.
Alors l'œuvre s'égrène qui tantôt ségrégative sur un mode hâtif voire sédatif mais pas curatif vous coupe d'une partie de vos sensations et vous laisse ingambe, tantôt réanime les possibles comme des cibles animées et pas acides pour faire retrouver les bases qui jamais ne vous neutraliseront.
Tirer la quintessence et ce nectar... sacré autant que sucré qui vous convie à l'addiction, mais que c'est bon...
Ne jamais cesser de lire comme s'il s'agissait de tirelire qui à tire-larigot vous délivre dans les livres son besant oriental qui pesant est léger comme plume et bagage.
Car tout cela ce n'est pas du chiqué mais bel et bien un nouveau présent, une nouvelle vie qu'on s'invente à loisir et tricote comme son ouvrage on tripote sans outrage que celui du temps qui met trop loin les souvenirs fugaces.
Et si sur la page alangui je me repose un instant c'est pour mieux repartir dans de nouvelles directions points fléchées à l'avance mais léchées en instance... de lâcher prise et de brise en insistance ; ainsi stance marque définitivement son territoire !

Table des matières

Quelques mots sur l'auteur... p. 5

Exorde... p. 7

Préface... p. 7

Introduction... p. 11

Présentation... p. 13

Nouvelles

Froid polaire et panique métallique sur l'Altaï... p. 15

Mais de quoi s'agit-il donc là ?... p. 25

Une quête tranquille, en apparence du moins... p. 29

Prisonnier du château du diable !... p. 35

Textes et poésies

À tous les amants cosmiques... p. 41

Alchimie, du verbe pour de la matière... p. 43

Bienveillance, aidance, guidance
pour retrouver une certaine aisance !... p. 45

Alexandrie... p. 47

Pluie noire... p. 48

Prendre de la hauteur... p. 49

Satan pas habité par les esprits... p. 51

Burkini pas Burkina pour qui efface haut, c'est bien bas !... p. 53

Canicule n'est pas clavicule... p. 56

Variations autour de la Canopée... p. 59

Comètes ou météores... p. 64

Comment disparaissent les civilisations et les espèces... p. 66

Compétition n'est pas pétition... pour autant une réflexion s'impose !... p. 69

Cri primal pas primate, encore que !... p. 71

De Tadmor à Tartous la Syrie n'en finit pas d'être découpée... p. 75

Débarquement... p. 79

Fougères sur Bièvre... p. 83

Jouir pour se réjouir... p. 84

La ronde du temps – perpétuation et changements... p. 86

Le bonheur... p. 87

Le changement, rien de simple en soi... p. 89

Le départ de Dominique, pour toujours... p. 91

Le doute... p. 93

Le muguet et le bouquet sont des vainqueurs tous trouvés... p. 99

Le nucléaire ne passera pas par moi... p. 101

Le temps ne reconnaît rien de ce qui se fait sans lui » - Proverbe sénégalais... p. 103

les autres en miroir... p. 104

les piliers du temps... p. 107

Darwinisme social, du win win ?... p. 108

Mais qui écrit donc finalement... p. 111

Master and commander... de l'autre côté du monde... p. 114

« Mens sana in corpore sano »... p. 117

Moi président je ferai soigner mes dents (quelques promesses sans paresse pour que l'ordre paraisse) Anaphores en thèmes... p. 121

Mourir à Alep... p. 123

Népal pas épargné... p. 125

Océan continuum... p. 127

Olympia... p. 129

Pardonner ou part donnée... p. 131

Pas de côté ou excentricité, aller de l'avant différemment... p. 132

Poésie troublante... p. 135

C'est le joli printemps athlétique... p. 137

Que diraient ceux de Verdun !... p. 139

Rupture, le signe de quoi... p. 145

Si près du gouffre... p. 147

Souffrance tu n'es pas mon ennemie... p. 151

Suprémaciste ou suprémaciste... p. 153

Un géant de la non-violence s'éteint... p. 157

Un symbole fort de l'extrémisme p. 160

« Une des tâches les plus difficiles données à l'homme est de renoncer à lui-même, au désir de se mettre en avant, à vouloir que le monde corresponde à l'idée qu'il s'en fait »... p 162

Une page blanche, un trait noir, plus d'espoir... p. 164

Vagues migratoires pas prêtes de s'arrêter... p. 165

Interroger l'écriture, pas un art divinatoire... Propitiatoire, probatoire, expiatoire mais aussi jubilatoire !... p. 169

Direction d'ouvrage :
« Dialoguer en poésie »
15 rue de Sardac 32700 Lectoure

http://pierre.leoutre.free.fr/dialoguerenpoesie

et avec le soutien de l'Association « Le 122 »
15 rue Jules de Sardac 32700 Lectoure

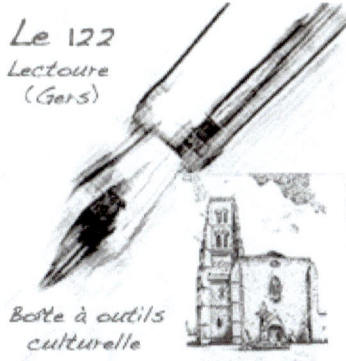

http://pierre.leoutre.free.fr

Éditeur :
Books on Demand GmbH,
12/14 rond-point des Champs Élysées,
75008 Paris, France

Corrections et mise en page :
Pierre Léoutre

Impression :
Books on Demand GmbH, Norderstedt, Allemagne

ISBN : 9782322102808

Dépôt légal : janvier 2018

www.bod.fr